GINA LAZENBY

LA MAISON FENG SHUI

la décoration du bien être

Flammarion

Emily Dickinson
FRIDA KAHLO een vrouw

À Barbara et à Geoffrey, mes parents,
qui m'ont transmis leur goût pour
la maison et qui m'ont appris,
au fil des ans, à la préserver.

Titre de l'ouvrage original :
The Feng Shui House Book
Publié par Conran Octopus Limited, Londres

Traduit de l'anglais par Barthélemy de Lesseps

Directrice éditoriale : Suzannah Gough
Directrice artistique : Karen Bowen
Adaptation PAO : Thierry Renard

ISBN : 2082019659
Numéro d'édition : FT1965-2
Dépôt légal : avril 1999
Imprimé en Chine

SOMMAIRE

PRÉFACE

PAR WILLIAM SPEAR

Des choses essentielles à notre qualité de vie sont aujourd'hui mises en péril. La beauté, la vérité, la foi et la nature subissent les assauts répétés de la violence, de la pollution croissante, de l'environnement dégradé. La maison est alors généralement perçue comme le seul refuge, le havre, l'ashram. Mais, pour la faire vivre, il ne suffit pas de la décorer avec goût.

On a beaucoup écrit sur les bouleversements qui touchent notre habitat, et le débat est loin d'être clos. Mais existe-t-il dans notre passé des principes universels qui pourraient régir nos relations avec le lieu que nous occupons ? Quelles idées, quelles mises en pratique pourraient lui apporter un peu plus qu'une couche de peinture fraîche ?

La créativité est l'une des plus hautes expressions de notre singularité. Et, bien souvent, on compare ou l'on oppose les artistes entre eux. Le créateur, lui, recherche constamment le lien particulier qui rendra son œuvre originale. Ce livre n'a pas pour but de rajeunir de vieilles idées, mais de créer d'abord le vide. Car il permet à la créativité de s'exprimer pleinement. L'artiste ou l'écrivain qui est parvenu à cette épure découvre en lui des joyaux. Dans le domaine de la décoration intérieure, bien peu de courants originaux ont la force qui se dégage de cet ouvrage. Car à n'en pas douter, Gina Lazenby est unique.

Ce livre analyse notre relation à l'espace. Et tout ce qu'il importe de comprendre devient ici limpide : les lieux où nous habitons sont à la fois intérieurs et extérieurs. Nous ne vivons pas seulement dans la chambre et dans la cuisine, mais dans l'esprit, dans l'espace infini de la conscience.

Ces pages ravivent ce que nous savons déjà et nous ramènent vers un décor authentique. Elles nous disent que le changement durable commence par l'introspection, au plus profond de nous-mêmes. Et si ces modifications ne semblent pas à première vue bien extraordinaires, patience ! Car il s'agit d'un livre d'une portée philosophique comme il en existe peu dans ce domaine, et Gina Lazenby, avec un talent magnifique, présente les éléments d'un ensemble qui changera littéralement notre vie. Celle qui est pour moi tout à la fois l'étudiante, la collègue et l'amie a su trouver la voie d'une expression claire et d'une créativité indissociables de son engagement pour la transformation de la personne. Grâce à ses recherches dans le domaine de l'organisation, de la communication et de l'éducation, et maintenant grâce à ses travaux d'écrivain et d'enseignante, elle a acquis une importante réputation. Le fruit en est ce livre, modèle d'élégance et de simplicité.

Le voyage qui commence vous invite à retrouver la beauté des choses, les relations harmonieuses et chacun devrait à nouveau croire en ce fil subtil et mystérieux de l'existence. C'est là le sens même de la « décoration d'intérieur ».

Ci-dessus : *Entourez-vous d'objets que vous aimez, et qui auront une signification particulière pour vous. Faites-les vivre grâce à des bouquets de fleurs et à des plantes. À chaque regard, ils diffuseront leurs bienfaits et vous insuffleront une énergie renouvelée. En revanche, une accumulation d'objets mal choisis ou qui ravivent de mauvais souvenirs puisera dans votre énergie.*

À droite : *Créer un environnement calme pour prendre ses repas agira sur la qualité de votre alimentation. Dans un intérieur aménagé sobrement, on pourra se consacrer à ses convives et au plaisir de la table. Ici, la simplicité du décor ne détourne pas l'attention. La table ronde, ornée au centre d'une coupe de fruits, et le luminaire prédisposent au rassemblement. Les fleurs offrent leur note vivante, de même que la fenêtre ouverte sur le jardin. Des rideaux apporteront une atmosphère plus intime en hiver.*

INTRODUCTION

QU'EST-CE QUE LE FENG SHUI ?

Le feng shui traite de l'influence de notre environnement proche, habitation et lieu de travail, sur notre bien-être physique, affectif et spirituel. Nous réagissons différemment en fonction de l'espace que nous occupons. L'ensoleillement, la couleur des murs, le type de sièges, le style de la décoration murale et des ornements, la présence ou l'absence de plantes, tous ces éléments nous affectent.

Le feng shui est l'étude des flux d'énergie qui influencent tous les domaines de la vie, et de leurs configurations dans l'espace. La physique quantique a établi que toute chose est constituée d'énergie. La matière physique, quelle que soit sa densité, n'est en réalité que de l'énergie en mouvement. Tout autour de nous, jusque dans le vide, l'énergie existe. Le feng shui s'attache aussi à ce monde invisible, car notre bien-être en dépend tout autant que le monde accessible à nos sens.

Imaginons, par exemple, que l'on se trouve dans une pièce où a eu lieu une violente dispute. La tension est sensible, et l'on dit que « l'atmosphère est à couper au couteau » parce que l'espace est comme imprégné d'une sensation palpable. Dans le domaine scientifique, des appareillages sont maintenant capables de mesurer les sources d'énergie les plus infimes ; le « détecteur de mensonge » enregistre des variations d'influx nerveux presque imperceptibles.

Le feng shui nous aide à comprendre que les lieux où nous vivons ne sont que des extensions de nous-mêmes ; ce sont des miroirs qui nous renvoient notre image. Notre habitat porte les signes et les symboles de notre passé, de nos rêves et de nos pensées ; si nous voulons transformer et améliorer la qualité de notre vie, lui imprimer de nouvelles directions, nous devons comprendre que tout ce qui nous entoure est lié. Pour s'ouvrir à de nouveaux horizons et faire advenir les choses que nous désirons le plus, peut-être faut-il commencer par regarder si tout cela n'est pas déjà inscrit dans notre espace. Dans ce livre, on apprendra comment les transformations d'un intérieur répondent aux transformations de sa vie. Certains aménagements retentiront sur les flux d'énergie qui traversent le lieu d'habitation et le lieu de travail. En retour, ces configurations imprimeront des changements dans tous les domaines, santé, richesse, bonheur, opportunités, relations.

À gauche : *Lorsque deux portes sont disposées en enfilade, le chi traverse la pièce sans parvenir à y préserver l'énergie. On ne s'y sentira pas vraiment à l'aise et l'espace situé entre les ouvertures donnera l'impression d'un couloir. S'il s'agit des deux entrées de la maison, les conséquences sont plus sérieuses car elles symbolisent l'entrée de la prospérité. Ralentissez le flux en accrochant un ou deux carillons sur le passage ou disposez des objets au sol, par exemple des plantes.*

À droite : *Les pièces qui n'ont qu'une seule ouverture laissent entrer et sortir le chi par la même entrée puisqu'il n'existe pas d'autre issue. Cette configuration est propice au calme et au repos, mais si la pièce est rarement utilisée, ou encombrée de meubles, ou si le mobilier est disposé de manière à gêner le flux, on peut ressentir une impression de stagnation.*

À gauche : *Les portes permettent au chi de pénétrer dans la maison, tandis que les fenêtres l'évacuent. Plus la surface vitrée est importante, plus le flux s'écoule et plus l'attention se porte sur l'extérieur. Il faut donc trouver un équilibre entre une vue agréable et une trop grande ouverture. Orner le rebord de la fenêtre de plantes ou d'objets permet de retenir l'énergie et le regard avant qu'il ne se porte vers l'extérieur.*

Le feng shui, lorsqu'il est bien compris, a pour but d'aménager l'espace de sorte que le *chi*, c'est-à-dire l'énergie, atteigne un équilibre harmonieux. L'énergie se déplace en spirale et par ondes, et nous augmentons notre bien-être en reproduisant ces mouvements dans notre intérieur. C'est d'une énergie douce et calme que vient la détente ; les lignes tendues et anguleuses, qui ne sont pas en phase avec le flux naturel de notre *chi*, créent au contraire la tension.

La relation que nous entretenons avec un lieu est très personnelle, car nous y apportons ce qui fait de nous un être unique. Chacun s'exprime à sa manière, avec des prédilections pour certaines couleurs, certains tissus, avec un mode d'expression artistique particulier. Toutes ces combinaisons créent des atmosphères différentes, qui influent sur la vie de chacun. Aussi, même si le feng shui repose sur quelques principes de base, il s'agit avant tout d'aménager un intérieur qui reflète sa personnalité et ses désirs. Il importe donc de définir la destination de cet espace : élever des enfants, entamer une nouvelle carrière, envisager une vie commune.

D'OÙ VIENT LE FENG SHUI ?

Le nom même du feng shui et la compréhension que l'on en a en Occident nous viennent d'Extrême-Orient, où il est pratiqué depuis des millénaires. La Chine ancienne était attentive au monde de l'invisible et à l'énergie diffuse en toute chose. Ce savoir et ces observations ont été consignés dans le *Yi-king*, ou *Livre des mutations*, révélant, à partir de soixante-quatre hexagrammes formés d'un ensemble de lignes continues ou brisées, la nature de toute chose. Cette somme a servi de fondement à l'ensemble de la tradition chinoise, à laquelle appartient le feng shui.

Mais il n'est pas nécessaire que, de nos jours, le feng shui conserve dans son application son caractère oriental. Nombre de cultures anciennes à travers le monde se sont intéressées au lien qui unit l'homme et sa vie terrestre aux influences célestes. Grâce à l'observation du cycle des saisons, du mouvement des astres et des phénomènes naturels, elles ont acquis un savoir sur les forces à l'œuvre dans les maisons ou dans d'autres lieux, qui ont une action sur le bien-être et sur le destin.

Différentes formes de feng shui ont vu le jour à mesure que les praticiens avançaient dans leur compréhension du monde, et ces connaissances ont été consignées dans des cartes et des tableaux. Les informations concernant la forme et le relief des terres (école de la Forme), la cartographie du ciel et des influences astrales (école du Compas), ont été compilées et évaluées. Le feng shui classique, qui rassemble des éléments de ces deux écoles, reste très vivant car une grande partie de cette documentation, parmi les plus anciennes de la Chine, nous est parvenue. Si à l'origine le feng shui consistait à mener intuitivement sa vie selon son corps et son cœur, l'approche classique était beaucoup plus scientifique ; et, en ayant recours à des calculs complexes pour évaluer la qualité énergétique d'un environnement donné, elle traitait davantage de l'esprit. Elle a ainsi continué à séduire les adeptes pendant des siècles. Ce livre s'efforce de guider votre intuition pour déterminer

Ci-dessus : *Rester assis ou travailler de longues heures sous un rayonnement peut être néfaste. Le flux qui couronne la tête est interrompu et ses ondes oscillent, affectant le champ d'énergie. Selon votre constitution ou votre état de santé, l'effet à long terme risque de vous fragiliser. Les personnes les plus sensibles auront des maux de tête ou manifesteront des atteintes du système immunitaire, d'autres manqueront de concentration.*

l'aménagement qui vous conviendra le mieux. Mais il fait aussi activement appel à un système qui décrit comment les flux d'énergie se déplacent selon un « bagua » : cette carte, qui existe depuis des milliers d'années, prend en compte les significations symboliques et distingue en toutes choses cinq types d'énergie.

POURQUOI LE FENG SHUI AUJOURD'HUI ?

L'Occident est devenu l'univers de la télécommande, de l'instantané, de la restauration rapide, et ne semble préoccupé que de progrès technologique. Déconnectés du monde naturel, nous avons créé un environnement artificiel, nous exposant ainsi à des niveaux croissant de pollution et de toxicité, aussi bien par l'intermédiaire de notre alimentation que de notre consommation. Nous édifions des bâtiments qui ne respirent pas, qui sont saturés de rayonnement électro-magnétique, avec pour résultat un épuisement de notre énergie vitale dans ce qu'on appelle maintenant des maisons « malades ».

Nous avons voulu bénéficier des avantages que procure la société industrielle sans en mesurer les conséquences sur notre environnement, et ce mode de vie s'est développé aux dépens de la nature. Les problèmes que nous avons aujourd'hui à résoudre n'auraient eu aucun sens il y a mille ans. L'électricité nous fournit certes de l'énergie, mais elle nous prive en même temps d'une partie de notre bien-être. La géopathie, cette forme de stress due à une perturbation du rayonnement naturel provenant de la terre, est déclenchée par les interventions humaines dans le sous-sol, creusement de tranchées pour les voies et les canaux de communication, forage de puits, travaux de terrassement et de construction. Nous devons prendre la mesure de nos actions et compenser ces déséquilibres. Il existe un ordre universel dont nos ancêtres étaient conscients, et d'où ils forgeaient leur code de conduite. Il n'est pas étonnant que nous manifestions un désir instinctif de retrouver un mode de vie plus naturel, plus simple, sans renoncer aux conforts apportés par le XXe siècle. La tradition a beaucoup à nous apprendre.

Les recherches montrent que le foyer n'est plus l'espace de loisir qu'il a été pendant la période de consommation des années quatre-vingt. Les valeurs ont changé. Refuge. Sanctuaire. Sécurité. Calme. Ce sont les mots clés qui nous motivent, tandis que la maison se transforme en havre de paix où l'on s'isole du monde extérieur en filtrant les communications grâce au répondeur. On commence à se rendre compte que, pour changer la vie, il faut commencer par transformer son domicile. Et c'est précisément ce lien qui est au cœur du feng shui.

Nous devons libérer nos espaces pour y laisser couler les flux d'énergie et advenir de nouvelles possibilités. C'est en prenant conscience des choses qui nous entourent et de leur influence que nous pourrons faire de véritables choix. Apprenons à aménager ces lieux pour qu'ils correspondent à nos désirs, quels qu'ils soient, élever une famille dans un environnement stable, créer un point de repère d'où l'on explorera le monde, ou simplement atteindre la plénitude. Ces pages marquent le début d'un voyage qui nous incitera à porter sur la maison un regard neuf, qui est aussi celui de l'avenir.

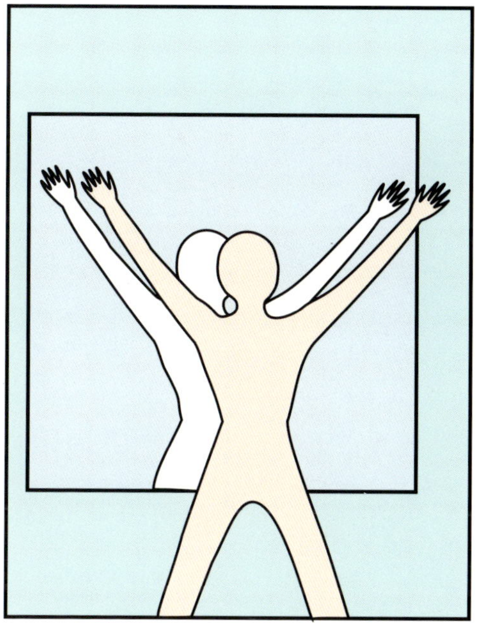

Ci-dessous : *Les miroirs exercent une forte influence. Pendant le sommeil, ils diffusent de l'énergie dans la pièce et la renvoient sur le corps, qui a besoin de récupérer. Le cerveau trie les informations emmagasinées le jour et le corps doit réparer les dommages causés par une mauvaise alimentation et un environnement saturé d'ondes électromagnétiques. Les miroirs placés en face du lit gênent ce processus de régénération ; enlevez-les ou couvrez-les la nuit afin d'avoir plus d'énergie au réveil.*

Ci-dessus : *Les miroirs où l'on se regarde dès le lever et avant de se coucher peuvent avoir un effet très puissant. Ils renforcent le sentiment d'identité à des moments critiques. On se sent plus vulnérable quand on s'apprête à s'endormir, ou le matin, quand, en sortant à peine des rêves de la nuit, il faut affronter la réalité.*

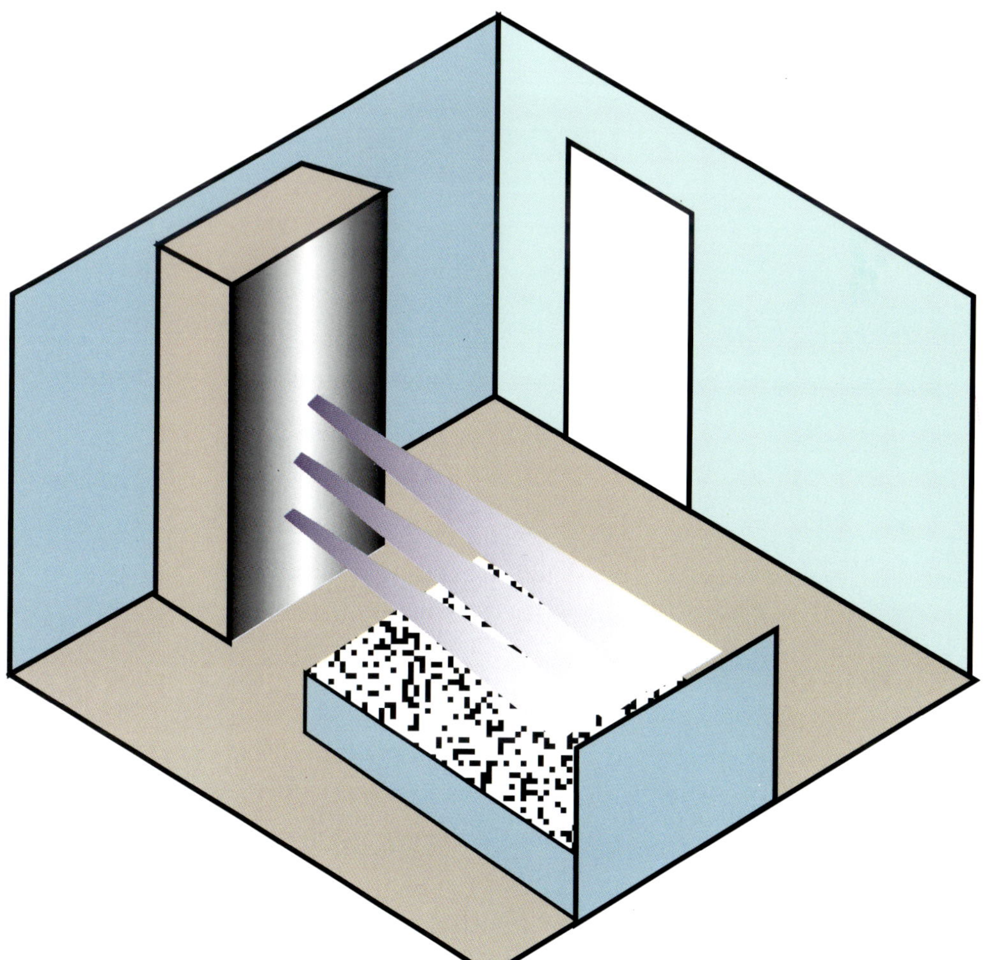

PREMIÈRES

EAU TERRE FOUDRE VENT TAI CHI CIEL LAC MONTAGNE FEU

PIERRES

FEU
L'ILLUMINATION
9
TERRE
LES RELATIONS
2
LAC
LA CRÉATIVITÉ
7
CIEL
LES AMIS SECOURABLES
6
EAU
LE VOYAGE
1
MONTAGNE
LA SAGESSE
8
FOUDRE
LES ANCIENS
3
VENT
LES BIENFAITS
4
TAI CHI
LA SANTÉ
5

LE BAGUA

LE BAGUA EST LA CARTE DES MOUVEMENTS D'ÉNERGIE DANS UN ESPACE DONNÉ. C'EST UN CERCLE DIVISÉ EN NEUF QUARTIERS QUI PEUT S'APPLIQUER SUR LE PLAN D'UN TERRAIN, D'UNE MAISON, D'UN APPARTEMENT, OU MÊME D'UNE PIÈCE.

À gauche : *Le bagua est une carte très ancienne qui indique les différents flux d'énergie. La compréhension de ces mouvements vous aidera à orienter différemment votre vie. Le bagua révèle le lien profond qui existe entre la vie et la maison ; appliqué à notre lieu d'habitation, il donne des clés sur ce que nous sommes en train de vivre. Si votre intérieur est de forme régulière, parcourez-le en recherchant un lieu qui pourrait provoquer une sensation de malaise par sa disposition, son décor ou son entretien. Là où l'espace physique pose problème, le bagua vous donnera des indices pour découvrir le domaine de votre vie directement lié à cet espace. Par exemple, si une pièce délaissée, remplie de bric-à-brac, se trouve en maison 4 (le Vent), peut-être est-ce le symbole de difficultés financières. Si vous vivez dans un appartement, le bagua prend effet à votre porte, sur le seuil de votre territoire. Si vous louez une chambre, le bagua de la maison aura une influence sur vous, mais c'est l'espace que vous occupez qui aura le plus d'importance.*

Chacune des divisions, ou « maisons », du bagua présente des caractéristiques qui livrent des indices sur ce qui se passe dans votre vie et sur la manière dont le lieu d'habitation, son agencement, sa topographie reflètent cet état. Les mouvements d'énergie à l'intérieur d'un espace obéissent à certaines règles observées depuis des millénaires. Lorsque ces flux passent par le secteur du bagua appelé Terre (2), par exemple, son influence concerne les relations. De même, les perturbations liées au domaine du Vent (4) affecteront la chance et les finances des habitants. Chaque maison du bagua possède ainsi un ensemble de propriétés. Elle porte le nom du trigramme du Yi-king auquel on l'associe, et correspond à l'un des nombres de un à neuf.

On oriente toujours le bagua à partir du seuil d'une maison ou d'une pièce, même si l'on a l'habitude d'entrer par une autre porte. En revanche, si l'entrée principale ne sert jamais, on peut dans ce cas disposer le bagua par rapport à cette entrée secondaire. Le cercle de nombres magiques doit être placé au sol de manière que l'entrée corresponde au secteur formé par les chiffres 1, 8 et 6.

Bien que le bagua exerce toute sa force au rez-de-chaussée des bâtiments, chaque étage a aussi sa carte des énergies, que l'on pose sur le seuil du palier, considéré comme l'« entrée principale », mais en l'orientant comme si elle était au rez-de-chaussée. N'oubliez pas que toutes les pièces ont leur bagua, et qu'un seuil ouvert, sans porte, fonctionne comme une entrée. Une pièce peut posséder plusieurs issues, par exemple lorsqu'elle ouvre sur d'autres pièces. Dans ce cas, il faut aligner le plan sur l'ouverture la plus utilisée : ainsi la porte menant de la cuisine à la salle à manger peut prévaloir sur celle donnant sur le séjour.

Lorsque vous posez le bagua sur le sol pour évaluer la topographie d'un lieu, si vous constatez que certaines parties sont tronquées, essayez d'établir le lien avec les événements de votre vie. Si, par exemple, la maison 2 (Terre-Relations) manque entièrement, demandez-vous si vous ne rencontrez pas de difficultés dans ce domaine. Lorsque vous envisagez de réaménager votre intérieur, utilisez le bagua pour toutes les pièces. Si vous cherchez notamment à stimuler votre créativité, vérifiez la maison 7 (Lac) pour chaque pièce et à tous les étages.

Le bagua s'adapte à toutes les formes spatiales, même les plus irrégulières. En appliquant le schéma sur le plan de votre domicile, vous aurez aussitôt une idée de ce qui lui manque, autrement dit de son espace négatif, ou, au contraire, de ses extensions. D'une manière générale, si une surface supprime plus de la moitié d'un domaine du bagua, on dit qu'il s'agit d'un espace négatif. Si c'est moins de la moitié, on le considère comme une extension, et la maison du bagua concernée y insufflera plus d'énergie. Les fenêtres en saillie (bow-windows) comptent comme de petites extensions.

Les intérieurs biscornus, où les espaces font défaut, ne doivent pas être considérés comme problématiques ou négatifs ; au contraire, en envisageant tous les aménagements possibles en fonction des neuf maisons, vous vous rendrez compte de leur grand potentiel.

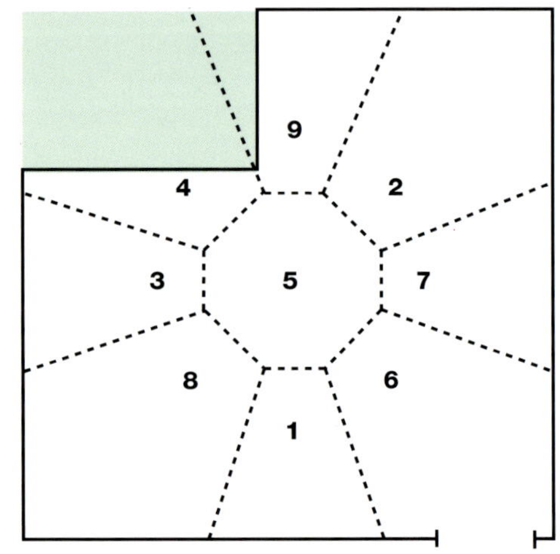

LE QUESTIONNAIRE FENG SHUI

Les questions de la rubrique figurant dans les pages suivantes ont pour but de suggérer des correspondances entre ce que votre existence peut avoir d'insatisfaisant et les espaces de votre domicile qui mériteraient d'être transformés. Si tout va bien, il ne serait pas très sage de vous remettre en question en changeant entièrement votre maison, simplement parce que vous avez cru comprendre dans ce livre qu'il fallait le faire. Votre intérieur est comme un miroir ; c'est une extension de vous-même et de votre vie, avec ses aspects positifs et négatifs. Les pages 20 à 37 passent en revue chacune des neuf maisons, et s'accompagnent d'un questionnaire sur les aspects correspondants à votre situation actuelle. Prenez le temps d'y répondre et notez vos réponses sur dix, en leur donnant le nombre de points qui vous vient spontanément à l'esprit, car la première impulsion est souvent la plus pertinente. Un dix correspondrait à une situation idyllique, et le un à la plus grande insatisfaction. Notez aussi les formules telles que « blocage » ou « point mort » et voyez ensuite si vous ne retrouvez pas autour de vous l'expression matérielle de ces métaphores.

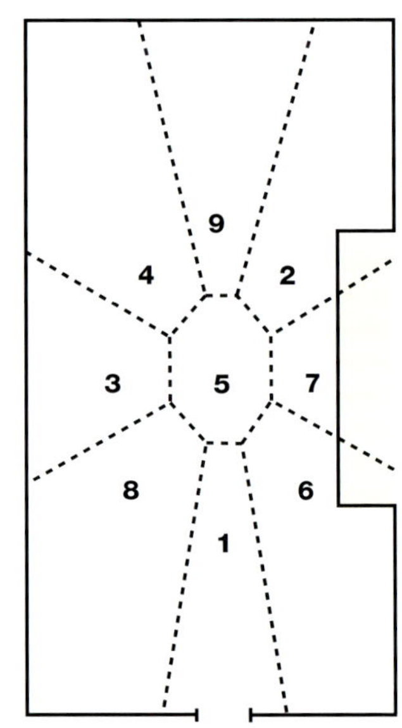

Les réponses à ces questions guideront toutes vos initiatives d'aménagement intérieur. Et les points obtenus définiront les priorités : choisissez les deux ou trois notes les plus basses pour commencer. Ces résultats correspondent peut-être à un espace manquant – négatif – du bagua. Prenez toutes les mesures nécessaires pour rétablir le flux d'énergie dans ce secteur ; procédez par étapes, mais ne faites rien qui ne se traduise par un mieux être incontestable. Une fois les modifications apportées, voyez si l'état de la pièce s'est amélioré. Au bout d'un mois environ, si rien n'a changé dans votre vie, reprenez ce livre pour y chercher une nouvelle inspiration et choisir une autre voie.

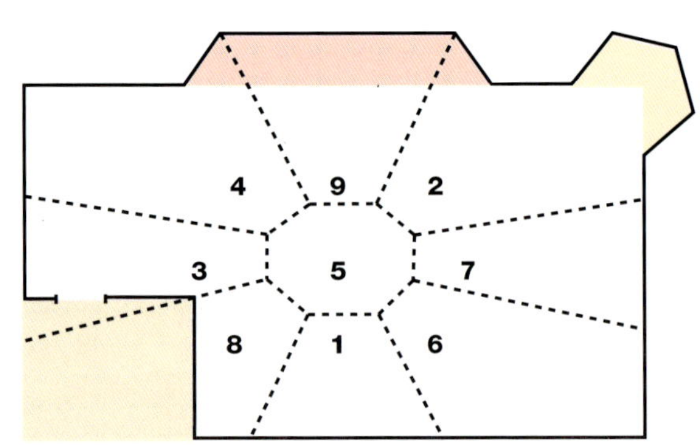

À gauche : *Dans ces intérieurs, le fait que certains espaces manquent n'est pas en soi un problème. En fait, il est beaucoup plus intéressant d'y vivre parce qu'ils offrent un grand potentiel de changement et des possibilités d'aménagement. La première illustration montre un plan comportant un espace négatif dans la maison 4 (Vent-Bienfaits). Les occupants de ce lieu souffriront d'un manque d'énergie dans le domaine des Bienfaits, ce qui peut se traduire par des occasions manquées ou des revenus diminués. Il ne sera pas nécessaire de construire une extension, ce qui rassurera les occupants d'appartements situés à des étages élevés. Dans ce cas, la solution consiste plutôt à stimuler le flux énergétique grâce à des plantes vertes, à l'éclairage ou à un miroir fixé sur le mur du fond, donnant l'illusion de la « pièce manquante » à l'intérieur ; ces fausses perspectives dynamisent l'énergie. L'espace légèrement tronqué dans la maison 9 (Feu-Illumination) nécessitera lui aussi des corrections. Très malléable, le bagua peut s'adapter à des plans tout en longueur, comme sur le deuxième schéma. On observe ici un espace négatif en maison 7 (Lac et Créativité) : l'énergie nécessaire sera insufflée par les attributs du sol et du métal (voir pages 40-41). La troisième illustration montre des extensions dans les maisons 2 (Terre-Relations) et 9 (Feu-Illumination), de même qu'un espace négatif en maison 8 (Montagne-Sagesse). Si cet espace occupe le jardin, le renforcement se fera dehors et non à l'intérieur. Un éclairage extérieur, une vasque pour les oiseaux et des arbustes favoriseront l'énergie de la sagesse dans toute la maison.*

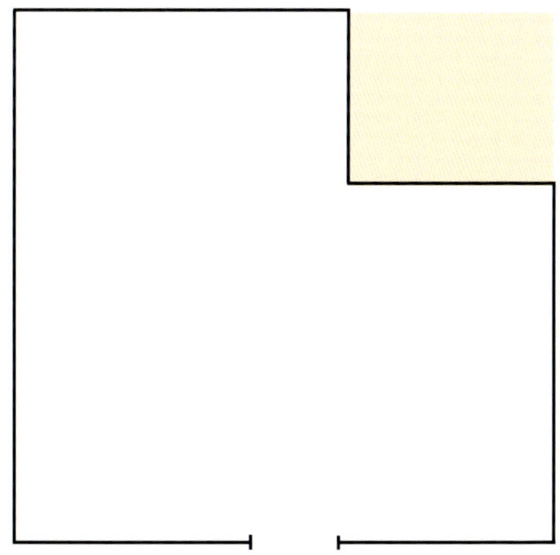

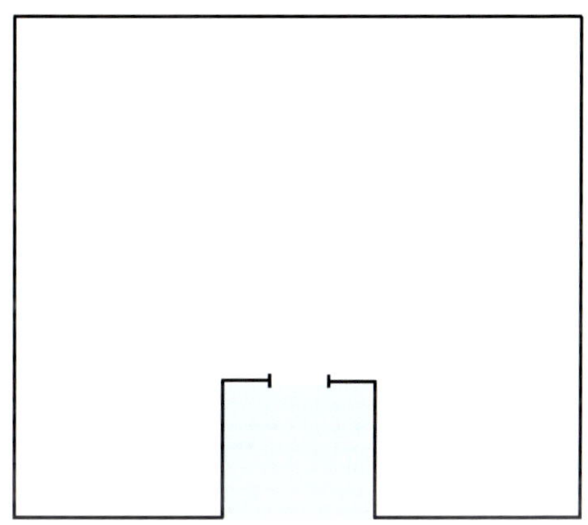

À gauche : *Sur le plan ci-contre, c'est l'espace Terre-Relations (2) qui manque. Ce défaut d'énergie relationnelle touchera davantage les femmes parce qu'il concerne le domaine le plus féminin du bagua. On améliorera ses relations par des objets et des couleurs de terre (voir page 24) et en renforçant toutes les pièces de la maison correspondant à cette zone. Le schéma suivant indique un espace négatif en maison 1 (Eau-Voyage), qui peut avoir pour conséquence un manque de réussite professionnelle. S'il s'agit d'un espace situé au-dehors, les plantes et l'éclairage apporteront à l'intérieur l'indispensable complément d'énergie. Le troisième agencement montre une extension très importante de la maison 4 (Vent-Bienfaits), qui insufflera aux occupants une forte énergie de prospérité et de chance. Le dernier lieu d'habitation présente une extension de la maison 9 (Feu-Illumination), qui devrait apporter la notoriété, voire la célébrité à ses occupants, selon leur domaine d'activité.*

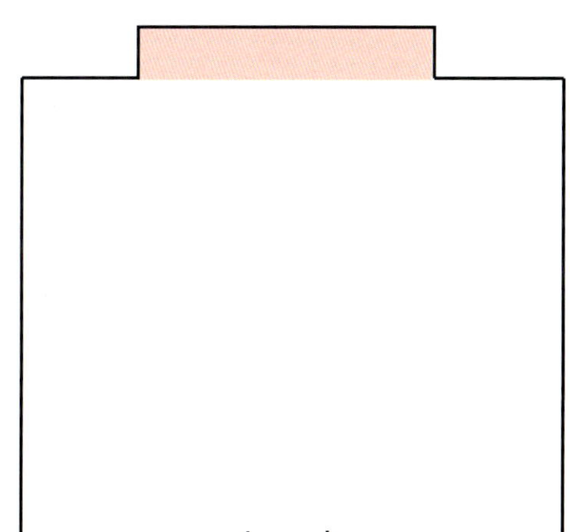

LES NEUF MAISONS DU BAGUA

La première maison du bagua est l'Eau, qui représente notre parcours dans la vie et nous rappelle d'où nous venons. C'est pourquoi on l'appelle aussi la maison du Voyage. Elle ne concerne pas seulement la profession et la carrière, mais, beaucoup plus largement, le sens même de notre existence. Réalisons-nous vraiment nos désirs, ou s'agit-il seulement de gagner sa vie ? La manière dont le *chi* traverse le monde est comme l'eau qui coule ; aussi, lorsque nous allons bien, nous pouvons dire que nous « suivons le courant ».

La maison de l'Eau correspond à la volonté et à la pulsion. Associée au nord, elle est sombre et froide. Elle représente la communication, les émotions et la découverte.

Si ce domaine manque dans votre domicile, vous aurez plus de mal à suivre votre voie. Les occupants des lieux rencontreront des difficultés dans leurs ambitions et leurs désirs ; une certaine confusion dans la communication pourra se manifester. On réintroduira donc l'élément qui fait défaut, par exemple sous la forme d'un aquarium ou de simples images aquatiques. Choisissez des représentations dynamiques, qui vous permettront de vous réorienter ; les images d'eaux tranquilles risquent, à terme, de mener à la stagnation. Ces sujets représenteront de préférence vos ambitions ou, si celles-ci demeurent floues, portez votre choix sur des chemins, des routes, des cartes anciennes qui seront comme les symboles d'une direction à prendre. La couleur bleue est favorable. Une extension de cette maison dans votre espace vous insufflera un surcroît d'énergie et la capacité d'entrevoir clairement comment mener votre vie.

Ici, la présence d'un escalier n'est pas idéale car l'énergie fluctue excessivement de haut en bas, et l'eau a besoin de couler uniformément. Si l'entrée se trouve sur ce domaine du bagua, pouvez-vous emprunter plusieurs issues ? Reconnaissez-vous votre situation actuelle dans cet espace ? Avez-vous du mal à choisir ? Fermez les portes et ne les ouvrez que pour passer. Si le vestibule est extérieur à votre lieu d'habitation – dans un appartement, par exemple – mais se situe dans le Voyage, décorez le palier à votre goût, installez des plantes, comme si c'était une extension de votre espace.

1 EAU
LE VOYAGE

Ce questionnaire vous permettra d'évaluer votre lieu d'habitation. Les réponses négatives révéleront un manque. Si, au contraire, ce domaine est présent, il peut s'agir des pièces les moins utilisées de la maison.

Où en êtes-vous ?

- *Aimez-vous ce que vous faites ?*
- *Qu'est-ce qui vous empêche d'avancer et de concevoir de nouveaux projets ?*
- *Êtes-vous épanoui(e) dans votre vie ? Sinon, savez-vous ce que vous voulez ?*

Inspectez attentivement l'espace correspondant à ce domaine en vous posant les questions suivantes : est-il encombré, et donc bloqué ? S'agit-il de l'entrée principale ? Son accès est-il bien dégagé ? La sonnette d'entrée fonctionne-t-elle convenablement ? Êtes-vous disponible quand des occasions se présentent ?

La Terre est l'élément de la réceptivité, de l'ouverture et de la souplesse. Ici, l'énergie se manifeste dans les associations et, plus généralement, dans le domaine des Relations, aussi l'appelle-t-on parfois l'espace du mariage. L'absence de cette maison dans le lieu d'habitation peut expliquer le célibat, et risque de provoquer des difficultés dans le couple.

Pour maintenir l'équilibre et l'harmonie dans les relations, il importe de rechercher chez soi tous les espaces négatifs correspondant à la Terre. Et tout particulièrement dans la chambre, qui représente la relation la plus intime, celle que vous avez avec vous-même ou avec votre partenaire. Si cette zone fait défaut, il faut apporter aux aménagements nécessaires les soins les plus attentifs. De plus, s'agissant de l'aire du bagua traversée par l'énergie la plus féminine, les occupantes de cet espace risquent de ne pas bénéficier des mêmes chances au bonheur. Assurez-vous que cet endroit n'est pas encombré et n'abrite

Où en êtes-vous ?

- *Vos relations sont-elles heureuses ?*
- *Êtes-vous célibataire tout en menant une vie sociale active ?*
- *Avez-vous de bonnes relations avec vos collègues de travail ?*
- *Vous sentez-vous isolé(e) ?*
- *Votre mariage traverse-t-il une période difficile ?*
- *Avez-vous des rapports tendus avec votre « ex » ?*

Si vous obtenez de nombreuses réponses négatives, vérifiez l'état du domaine des Relations chez vous, notamment dans votre chambre : cet espace est-il encombré, y avez-vous laissé des plantes fanées, par exemple ? Vivifiez-le par des attributs du sol. Une petite touche de rouge introduira l'énergie du feu, qui apaisera les passions.

pas un tas de linge sale volumineux. Que représente votre décoration murale ? Des sujets isolés ou des couples gais ? Même l'image de deux fleurs renforcera le message de dualité. Pour mettre en valeur votre relation, exposez les souvenirs des moments passés ensemble. Avivez cet espace par l'éclairage, les plantes, un cristal suspendu à la fenêtre, le tableau d'un paysage ouvert, un miroir – tout ce qui vous semblera convenir.

L'élément Terre se définit par l'ouverture et l'invitation. Les lignes fluides et les objets reposants lui donnent de la vigueur. Accordez une place à la nature dans votre intérieur en intégrant des fleurs, des plantes vertes, des bougies et l'eau. L'effet des coussins et des oreillers est idéal. On peut utiliser la couleur jaune, élément unificateur de la Terre. Évitez les lignes dures dans l'ameublement et l'ornementation. Aménagez si possible des coins chaleureux invitant au rapprochement : une banquette sous la fenêtre ou une paire de fauteuils confortables, garnis d'une matière douce, et placés face à face.

2 TERRE
LES RELATIONS

3 FOUDRE
LES ANCIENS

La troisième maison du bagua, la Foudre, est associée à la famille, aux ancêtres et à tout ce qui nous a précédé. Dans les sociétés traditionnelles, et notamment en Extrême-Orient, on révère les ancêtres pour leur sagesse. Ils sont entourés de respect et prodiguent leurs conseils. Nous portons en nous l'esprit de nos ancêtres tout comme nous portons leurs gênes et il importe de reconnaître cet héritage. Comment saurons-nous où aller si nous ne savons pas d'où nous venons ? Notre demeure a besoin de marquer cette reconnaissance envers la famille. Ce domaine des Anciens est l'emplacement idéal pour exposer les photos et les souvenirs de famille.

La stagnation, qui se manifeste par le désordre, l'accumulation d'objets inutiles ou en mauvais état, peut se traduire par une tendance à laisser les problèmes en suspens et par une difficulté à repartir dans une bonne direction. Ne pas savoir oublier une faute passée commise par un proche, ami ou membre de la famille, peut peser lourdement sur l'avenir. En restant crispés sur cette blessure au lieu de tourner la page, nous occupons une partie de notre psychisme et nous risquons d'être freinés dans nos projets. Cette incapacité à relâcher la tension se manifeste souvent par la présence d'objets liés au passé et qui ont perdu toute fonction. Un grand nettoyage, qui permettra de se débarrasser de ces vieilleries, peut avoir un effet cathartique puissant qui débloque une situation sans issue. Une maison des Anciens faible peut également entraver la créativité. Tout ce qui symbolise une difficulté ou une douleur passées affectera l'avenir que nous tentons de construire.

Le trigramme du *Yi-king* correspondant à la foudre est soutenu par une ligne continue, ce qui lui donne une base aux résonances profondes, et il exprime en effet tout ce qui est son et bruit. La foudre se manifestant à l'est s'identifie au renouveau, au printemps et au début d'un nouveau cycle. Cet élément est associé à l'énergie des arbres, figurée par la couleur verte, les grandes formes et les plantes. Au foyer, la foudre représente le mouvement et la vitalité.

Dans le lieu d'habitation, une extension de la maison 3 signifie une plus grande maturité. Si cette zone fait défaut, les occupants manqueront de dynamisme et d'endurance ; ils devront peut-être travailler davantage et pourront rencontrer des problèmes familiaux. Cette énergie étant liée au son, une musique forte, répercutée dans toute la maison, pourra les sortir de leur léthargie ou de leur inertie. Toutes les machines bruyantes, telles que climatiseurs, séchoirs, réfrigérateurs, télévisions et chaînes stéréo émettent de la Foudre, de même que la voix humaine. Inversement, si vous avez des problèmes avec des voisins bruyants, tempérez chez vous ce type d'énergie. Vous pouvez détourner ce bruit indésirable grâce à une grande plante qui canalisera l'excès de flux. Diminuer la couleur jaune est également efficace.

Pour corriger un déséquilibre, il faut introduire l'élément de l'arbre : de volumineuses plantes vertes, un ameublement imposant, du vert, une décoration représentant la verdure, les bois ou des symboles de soutien, comme les piliers.

Où en êtes-vous ?

- *Où en sont vos relations familiales ? Êtes-vous en excellents termes ou vous disputez-vous souvent ? Vous entendez-vous bien avec vos parents ?*
- *Si vos parents sont décédés, reste-t-il des problèmes non résolus, ou éprouvez-vous de l'amertume ?*
- *Avez-vous dans votre famille quelqu'un vers qui vous tourner ?*
- *Avez-vous du mal à initier de nouveaux projets ?*

Si vous êtes insatisfait(e), examinez chez vous l'espace en question. Est-il tronqué, s'agit-il d'un débarras où l'énergie ne peut pas circuler ? Inspectez aussi les autres pièces correspondant aux Anciens.

Gardez-vous des photos de famille où chacun semble souriant et heureux ? Ou bien s'agit-il de portraits individuels ? Ce domaine étant associé à l'énergie de l'arbre, de hautes plantes vertes, des arbustes vous donneront les meilleures chances de retrouver l'harmonie familiale et l'envie de mener vos projets à bien.

western union
WHAT WE MIGHT HAVE CREATED. LOVE TO ALL.
PS PLEASE POST AND DISTRIBUTE
CC JOHN LEESE
DOUG IRELAND

4 VENT
LES BIENFAITS

La maison du Vent, ou des Bienfaits, concerne notre expérience des vœux et de la bonne fortune. Bien que cette énergie se manifeste dans la réalité sous forme d'argent (ce qui explique pourquoi l'on parle du lieu des « richesses »), nous pouvons être comblés d'autres bienfaits également précieux, qu'il s'agisse d'opportunités, d'invitations, d'enfants ou d'amis.

Le trigramme du Vent dans le *Yi-king* évoque la flexibilité d'un arbre qui ploie sous le vent. Cet élément représente la croissance, la maturation, la sensibilité et l'assimilation des idées qui nous sont apportées comme des graines par les vents du changement. Le Vent étant associé au mouvement, les mobiles, les ventilateurs, les éventails, les sculptures kinétiques favorisent son énergie.

La correspondance de cette maison avec la richesse signifie que la présence d'une salle de bains et de toilettes dans cette zone peut se traduire par des pertes financières importantes. On peut cependant préserver cette énergie et éviter qu'elle ne s'épuise par la présence de plantes vigoureuses au port bien redressé, d'images verdoyantes (notamment dans les pièces dépourvues d'éclairage naturel) ou de galets de rivière qui retiendront le flux de *chi*. Un miroir accroché à l'extérieur de la porte de la salle de bains est également un élément important.

Lorsque ce domaine manque dans une maison, les accidents et les épreuves risquent de se succéder. Là encore, l'énergie de l'arbre offre une solution, notamment si l'on introduit des plantes et la couleur verte. Et comme le bois a besoin d'eau, c'est là l'endroit idéal pour installer un aquarium ou une fontaine d'intérieur. On peut aussi utiliser des images d'eau vive, car cet élément a toujours été considéré comme une source de vie, de nourriture et de richesse. Si la zone manquante se situe dans le jardin, on installera un éclairage, une vasque pour les oiseaux et des plantations ornementales, qui, bien qu'il s'agisse de l'espace extérieur, joueront un rôle actif pour générer de l'énergie positive. La présence d'une extension de ce domaine sera un gage de prospérité pour la maison, et ses occupants verront leurs initiatives couronnées de succès.

Où en êtes-vous ?

- *Vous sentez-vous comblé(e) dans votre vie actuelle ?*
- *Pensez-vous que vous avez généralement de la chance ?*
- *Vos frais ont-ils augmenté depuis votre dernier emménagement ?*
- *Avez-vous suffisamment de sources de revenu, ou êtes-vous toujours dans des situations difficiles ?*

Si cet espace est présent, vérifiez que votre maison ou appartement ne possèdent pas plusieurs salles de bains. S'il fait défaut ou reste dans l'obscurité, ranimez-le avec de la lumière ou un miroir.

La cinquième maison forme le centre du bagua ; bien qu'elle ne possède pas de trigramme, elle est fortement liée à la Terre (maison 2) et à l'énergie du sol. Le Tai Chi rassemble toutes les forces, et ce foyer d'énergie constitue un important point d'équilibre et de stabilité ; c'est pourquoi on l'appelle aussi la Santé. Dans le lieu d'habitation, cet espace doit rester libre pour laisser couler le flux d'énergie. L'encombrement, la stagnation ont ici une grande influence : tous les aspects de la vie sont concernés, car le Tai Chi est aussi l'expression des autres trigrammes. Tout ce qui occupe cet espace affecte l'équilibre, la santé, les relations, la famille et les projets.

Dans cette zone, la santé revêt une importance particulière ; il faut donc veiller à ce que l'endroit reste dégagé, propre et net. Seul le meilleur équilibre peut apporter la vitalité et le bien-être, aussi on aménagera l'espace le plus harmonieusement possible, par un agencement mesuré de tous les éléments, sans qu'aucun d'eux ne prédomine. Un lien renforcé avec la Terre vous permettra de garder une stabilité et confortera votre vision positive de la vie. Utilisez pour cela la céramique, ou tout objet réceptif aux lignes douces.

5 TAI CHI
LA SANTÉ

Si cet espace n'est pas présent dans votre maison, ce peut être un grand bienfait. En effet, les maisons traditionnelles comportaient souvent une cour intérieure aménagée en jardin, qui apportait à l'intérieur des éléments du monde extérieur. Mais les deux tiers au moins de cet espace restaient ouverts.

Comme il s'agit d'un point de rassemblement vital, veillez à dégager le centre des pièces, surtout celui du séjour. Ne l'encombrez pas d'une table basse ; placez celle-ci contre un mur pour laisser circuler l'énergie et les personnes.

Où en êtes-vous ?

- *Comment vous portez-vous ? Vous sentez-vous en décalage ? Avez-vous des problèmes récurrents, ou manquez-vous simplement d'énergie ?*
- *Avez-vous en général besoin de soutien ?*
- *Votre vie vous semble-t-elle compliquée et lourde à assumer ?*
- *Êtes-vous stressé(e) ? Avez-vous l'impression que tout vous agresse ?*
- *Ressentez-vous le besoin de faire le vide et de vous simplifier la vie ?*

Examinez attentivement le centre de votre domicile. Est-ce un foyer d'activité incessante, bouillonnant d'énergie ou, au contraire, un lieu morose et stagnant ? Disposez-vous d'espaces clairement définis où vous pouvez accueillir famille ou amis ?

Si ces questions vous concernent, voyez si vous ne pouvez pas déplacer le mobilier de ce lieu central pour y dégager le passage. Vous le sentirez respirer à nouveau et votre perception des choses sera différente.

6 CIEL
LES AMIS SECOURABLES

Où en êtes-vous ?

- *Avez-vous des amis très proches ?*
- *Y a-t-il dans votre vie quelqu'un qui vous serve de guide ?*
- *Des amis en difficulté se tournent-ils vers vous ?*
- *Bénéficiez-vous de soutien en cas de crise ?*
- *Soutenez-vous des causes généreuses ?*
- *Vous consacrez-vous bénévolement à des personnes dans le besoin ?*

Ce lieu est idéal pour exposer des photos gaies de vous et de vos amis. Comment cet espace se présente-t-il actuellement ? Est-il dénudé ? Où se trouvent le téléphone et l'agenda ? Pour avoir une vie sociale plus active, disposez-les dans cette zone. Si vous voulez être plus disponible pour les autres, et bénéficier d'un réseau de solidarité, vivifiez ce domaine par des plantes, un bon éclairage et de l'énergie métallique sous forme de récipients ronds et d'objets en métal. Des représentations d'anges ou tout autre symbole de ce type seront également bénéfiques.

Le ciel représente la force créatrice de l'univers et la source de toute chose. Il s'identifie à la figure du père et à ses attributs traditionnels, l'autorité, la force, le commandement, la masculinité, la réalisation, la conscience. Pourtant, cette maison est plus connue sous les termes d'Amis secourables, et représente à ce titre toutes les aides, visibles ou invisibles. Sur qui vous reposez-vous ? Sur tous ceux et celles qui un jour ou l'autre vous accompagnent et vous soutiennent dans des moments difficiles. Cette vertu est à double sens, car il s'agit aussi de l'altruisme dont vous pouvez faire preuve et de votre générosité de cœur.

Cette maison est associée à l'énergie du métal, aux couleurs blanche et argent, à l'automne et au nord-ouest. Elle s'exprime par les bijoux, les pierres précieuses, le cristal, les emblèmes de la masculinité et de l'autorité, les légendes, les mythes et les récits.

Si ce domaine fait défaut chez vous ou s'il est situé dans un garage, vous manquerez de soutien et vous aurez des difficultés avec l'autorité. Cette énergie étant la plus masculine du bagua, les chances et les compétences des hommes se trouveront limitées, les enfants ne prêteront pas attention à leur père, des tensions surgiront sur le lieu de travail avec les supérieurs hiérarchiques, et les hommes auront des réticences à regagner leur domicile, parce que l'énergie masculine y manquera. Mais celle-ci peut être ravivée par la présence de métal, et entretenue par l'énergie du sol. Le bénévolat et les dons caritatifs sont également efficaces. Le Ciel entretient une relation forte avec les Bienfaits (maison 4), situés à l'opposé du bagua. Plus cet espace du lieu d'habitation sera actif, plus la polarité de ces deux maisons s'en trouvera renforcée. Ce qui veut dire que les activités de type philanthropique dans lesquelles vous vous engagerez dynamiseront d'autant le magnétisme du Vent, et celui-ci, en retour, attirera toujours plus de Bienfaits sur vous.

Une extension de ce domaine peut indiquer que votre foyer est particulièrement ouvert, convivial et fréquenté. Leur énergie y circulant mieux, les hommes y seront bien accueillis et pourront exprimer leur pouvoir ; en même temps, le renforcement de l'autorité masculine risque de conduire à un égocentrisme excessif. Les hommes auront une tendance au dogmatisme tandis que les femmes se sentiront moins à l'aise.

7 LAC
LA CRÉATIVITÉ

La septième maison du bagua symbolise l'esprit libre, la jeunesse, l'espérance et la gaîté. Elle représente l'imagination et la créativité, les sens et le goût des arts, musique, danse, peinture. Tout ce qui procure du plaisir – les jeux, les photographies, les ornements, les biens qui nous sont chers – vient du Lac.

L'énergie du Lac est associée au métal et au romanesque, aux couchers de soleil et à l'ouest, à la lumière dorée du jour et aux moissons. C'est le temps des récompenses.

Il y a en chacun de nous un artiste qui sommeille, le désir de laisser une trace originale, et il est particulièrement important que les femmes trouvent un moyen d'expression, qu'elles aient le sentiment de créer quelque chose. Pour nombre d'entre elles, ce seront les enfants, mais tout autre projet ou entreprise appartient aussi à la créativité. Il n'est pas nécessaire d'être artiste accompli, ni d'écrire des romans ; il suffit de savoir exprimer ce qu'il y a de plus profond et d'unique en nous, sans craindre le jugement. Ce peut être la cuisine, l'art floral ou la mécanique. Retenir en soi l'énergie du Lac risque d'être préjudiciable, bien que les problèmes d'expression créatrice ou la difficulté d'avoir des enfants viennent aussi de carences dans la maison des Anciens (3).

Si l'espace correspondant est trop encombré, la créativité peut se trouver étouffée, de même qu'un esprit préoccupé aura du mal à se concentrer. Il faut aussi savoir éliminer les pensées qui nous parasitent et les objets inutiles pour laisser couler l'énergie créatrice.

Lorsque ce domaine fait défaut dans la maison, les enfants risquent d'en être absents eux aussi. Il n'y aura pas assez de place pour le plaisir, la créativité sera ralentie, et les jeunes femmes, notamment, manqueront de ressort. On pourra rétablir l'équilibre en introduisant, par exemple, de l'énergie métallique (le blanc, les objets en métal et les courbes), renforcée par de l'énergie terrestre (le jaune, la céramique et les objets reposants). Une extension de cette zone devrait stimuler la créativité et la sociabilité, ce qui permettra de concrétiser davantage les idées et d'obtenir des résultats tangibles. Récolter les fruits de ses efforts correspond à l'automne.

Où en êtes-vous ?

- *Avez-vous des enfants ? En désirez-vous dans un avenir proche ?*
- *Êtes-vous créatif ? Comment exprimez-vous cette créativité : à l'intérieur d'un cercle amical, en tant qu'artiste, dans une activité purement professionnelle ?*
- *Profitez-vous de votre temps libre comme vous le désirez ?*
- *Avez-vous suffisamment de loisirs ?*

Cette partie de votre domicile est-elle surchargée ou dégagée ? Vérifiez toute déficience de la maison des Anciens (3) ; les difficultés non résolues peuvent peser sur les projets d'avenir.

8 MONTAGNE
LA SAGESSE

La maison de la Montagne concerne la contemplation et le savoir intime, aussi l'appelle-t-on également la Sagesse. Nous devons faire le vide pour atteindre la sagesse plutôt que d'accumuler les connaissances. Les qualités de la Montagne sont notamment le poids, la solidité, le calme et l'inertie. On compte parmi les objets qui lui correspondent les vases et le mobilier massif, comme les armoires, les placards et les buffets. La chambre à coucher est en harmonie avec la Montagne car on l'utilise comme une grotte qui accumule l'énergie pendant le sommeil.

Cette énergie lourde correspond à une volonté inflexible, à la résolution de s'établir, et aux nouveaux départs, avec une tension vers le but à atteindre que rien ne peut détourner. La Terre se trouvant à l'opposé de la Montagne sur le bagua, la relation que nous entretenons avec nous-même et notre monde intime affectera nos rapports avec autrui. Aussi, lorsqu'on désire conforter des relations, ou rechercher des partenaires stables, il faut aussi renforcer la deuxième maison. Énergie du sol, la Montagne est soutenue par les

Où en êtes-vous ?

- *Vous faites-vous du bien ?*
- *Vous sentez-vous serein(e) ?*
- *Êtes-vous sous tension, déphasé(e) ?*
- *Êtes-vous capable de vous abstraire de la pression quotidienne et de retrouver votre calme ?*
- *Prenez-vous le temps d'approfondir votre sagesse intérieure ?*
- *Savez-vous vous retrancher dans la méditation ou la prière, ou vous relaxer ?*

Y a-t-il chez vous un endroit où vous pouvez vous retirer, où vous vous sentez bien ? Nous en avons parfois besoin, comme de l'apaisement que procure la contemplation d'une montagne. Ce domaine du bagua est le lieu idéal pour installer une bibliothèque ou pour lire.
Lorsqu'on renforce le domaine de la Montagne, on a davantage confiance en soi. Choisissez des objets liés à l'énergie du feu (la couleur rouge, les lumières, l'inspiration artistique). Si vous possédez une extension de ce domaine qui engendre des conflits, tempérez l'énergie du sol par des objets métalliques.

objets qui font socle. Elle se nourrit aussi de feu, représenté par le rouge, les triangles, la lumière et tout ce qui nous inspire, notamment l'art.
Il vaut mieux éviter les extensions de ce domaine qui repose sur la symétrie et la stabilité ; une extension risque de provoquer des conflits dans les couples où chacun campe fermement sur ses positions, comme les deux pics d'une montagne inébranlable. Pour absorber l'excès de cette énergie terrestre, on fera appel au métal, sous la forme d'objets métalliques, blancs et courbes.
Si l'espace correspondant manque, les occupants de la maison auront un certain mal à se sentir en paix et en sécurité et, de fait, à repartir sur des bases stables. Les montagnes se forment par les tremblements de la terre, comme une naissance. Aussi, lorsque cette énergie éruptive fait défaut, la conception même des enfants risque d'être difficile, et des problèmes de fécondité peuvent apparaître. De plus, la Montagne figurant les premiers aliments, les nourrissons peuvent pâtir de cette absence d'énergie.

9 FEU
L'ILLUMINATION

Il est dans la nature du Feu de nous éclairer, sur nous-même et sur les autres, aussi cette subdivision du bagua porte-t-elle le nom d'Illumination. Elle représente la clarté, l'œil, la vision et la visibilité, la compréhension et l'esprit éclairé. Elle s'exprime par la lumière, les bougies et tout ce qui a trait à l'inspiration ou qui est susceptible de nous inspirer, la sculpture, la poésie, les tableaux de maîtres, la musique classique, les cérémonies et les rituels, les trésors et les objets sacrés.

La chaleur et l'incandescence associées au Feu lui confèrent une qualité explosive. C'est une énergie qui rayonne dans toutes les directions et s'apparente au pic d'activité du soleil de midi en plein été. Si l'inspiration vous fait défaut, peut-être manquez-vous d'énergie du Feu autour de vous. Mais si vous rencontrez des difficultés à faire aboutir vos projets, vous êtes sans doute soumis(e) à un excès de Feu (trop de rouge, trop de formes anguleuses), car cette énergie fait fondre le métal qui vous aide à achever ce que vous avez entrepris.

L'Illumination permet de trouver sa voie. Elle s'oppose sur le bagua à la première maison, celle de l'Eau, du Voyage, qui règle votre parcours dans la vie. Ces deux maisons, et leur polarité nord-sud, concernent le sens de l'existence et la clairvoyance nécessaire pour trouver ce sens, car il est beaucoup plus difficile de se diriger lorsque le Feu et l'acuité qui l'accompagne font défaut. Si votre carrière est en plein marasme, vérifiez chez vous la place des maisons du Feu et du Voyage.

Si ce domaine est absent de votre lieu d'habitation, il peut s'ensuivre un manque de clairvoyance et des problèmes de reconnaissance sociale. Une extension aura des effets bénéfiques sur la notoriété, mais, en même temps, des zones d'ombre, de lourds secrets peuvent surgir au grand jour.

Où en êtes-vous ?

- *Êtes-vous généralement sensible à l'opinion des autres ou avez-vous suffisamment confiance en vous ?*
- *Êtes-vous influençable ou savez-vous affirmer vos opinions et vos choix ?*
- *Attachez-vous de l'importance à votre réputation ?*
- *Vous sentez-vous reconnu(e) ou pensez-vous que vous méritez mieux dans votre travail ?*
- *Savez-vous vous faire des amis et vous faire apprécier de vos collègues ?*

Afin de clarifier votre vie, il est important de dégager les obstacles présents dans le domaine du Feu, puis de l'illuminer par un éclairage approprié et les reflets d'un miroir. Pour stimuler vos passions et la faculté d'inspirer les autres, il faudra sans doute renforcer l'énergie rougeoyante du feu, mais prenez garde aux excès, qui pourraient conduire à des conflits dans votre maison. Procédez avec prudence dans vos transformations d'aménagement, par petites touches.

LES CINQ ÉNERGIES

Ci-dessus : *Le décor intérieur gagne en harmonie lorsque les cinq énergies y sont équilibrées : on peut y parvenir en intégrant chacun de leurs éléments. Ici, l'énergie de l'arbre est représentée par la plante verte ; celle du feu par l'éclairage, le verre et une touche de rouge ; celle du sol par les tons ocres ; celle du métal par le matériau des luminaires, la base du canapé et de la table ; enfin, l'eau s'exprime par les formes ondoyantes du canapé et de l'éclairage.*

L'univers se transforme constamment. Pour vivre en harmonie avec les lois naturelles, il est utile de connaître les formes de ce changement. Ces métamorphoses permanentes de la vie peuvent s'exprimer par cinq énergies représentées par l'arbre, le feu, le sol, le métal et l'eau. La compréhension des principes du feng shui passe par la connaissance du mode d'action de ces énergies, qui président aux transformations de la nature. La tradition chinoise y attachait une importance primordiale et considérait les cinq énergies comme les pierres élémentaires qui constituent toute chose sur terre. De plus, elles se manifestent par de nombreuses correspondances avec des objets matériels et avec les cycles naturels. Ces représentations nous aident à comprendre comment l'énergie se déplace et se transforme dans le monde vibratoire invisible, lequel à son tour gouverne les flux qui traversent les lieux habités.

Ces forces agissant sur l'équilibre d'un milieu donné, connaître leurs modes de déplacement nous permet d'opérer les ajustements nécessaires dans les espaces que nous occupons. Ces fluctuations et ces interactions suivent un ordre immuable, sans commencement ni fin. L'un de ces cycles d'activité régit la création, cycle productif et nourricier : l'eau, par exemple, nourrit l'énergie de l'arbre, l'aide à croître et, à son tour, l'arbre alimente le feu. Par un cycle cette fois destructif, les énergies antagonistes luttent entre elles, chacune cherchant à établir sa suprématie. Ainsi le feu fait fondre le métal, et le métal figurant l'argent, c'est avec prudence qu'il faut introduire et utiliser le feu chez soi.

L'ARBRE

L'énergie de l'arbre est ascendante et tournée vers l'extérieur. Dans un intérieur, elle serait représentée par le mobilier et les panneaux de bois, les chaises à haut dossier et les meubles élevés, les plantes croissant en hauteur et toute peinture à sujet vertical, tel qu'une fûtaie. L'arbre est associé à l'est, au renouveau, au lever du soleil et au regain d'activité du jour, au printemps et à ses forces vives, à la couleur verte.

Les arbres ont pour vertus la patience, la bienfaisance et l'endurance, tandis qu'un déséquilibre peut provoquer la mauvaise humeur, l'irascibilité. La réalisation d'un projet bénéficiera de la présence d'une grande plante, qui symbolisera votre nouvelle entreprise et la soutiendra.

Le bagua comprend deux maisons sous le signe de l'arbre, celle des Anciens (3) et celle des Bienfaits (4). Si vous voulez les renforcer, apportez-leur l'énergie de l'arbre sous la forme d'objets en bois, d'images de lever du soleil et de hautes plantes vertes. Et le bois puisant l'eau, des symboles de cet élément (*voir* page 41) dynamiseront l'ensemble. Une cuisine sera bien placée dans le domaine de l'arbre (maisons 3 et 4) parce que cette énergie se situe entre l'eau et le feu dans le cycle vital.

LE FEU

Le feu est un mouvement actif et pulsatile, associé à la couleur rouge, au triangle, aux formes anguleuses, semblables à celles des flammes. L'énergie du feu est claire, comme le soleil de la mi-journée, et elle en évoque le pic d'activité. Sur le bagua, elle correspond au sud et à l'Illumination (maison 9). Elle est représentée par l'éclairage, les grandes œuvres d'art, les animaux, leurs représentations et celles de l'homme, le mobilier carré. Elle s'apparente aussi aux réactions chimiques et à la cuisine, c'est pourquoi le lieu où l'on prépare les repas est aussi le foyer de la maison. Le feu a notamment pour vertus l'humour, la raison, la gentillesse et la générosité de cœur. Un excès de cette énergie peut transformer la passion et l'excitation en stress et en panique. Un dîner aux chandelles rouges et une table garnie de fleurs rouges apaiseront les ardeurs et créeront une atmosphère romantique. Par sa vivacité, le feu sera l'élément idéal des pièces conviviales.

Dans le cycle vital, le feu se nourrit de l'arbre : trop peu d'énergie, et seules quelques braises rougeoiront ; trop d'énergie, et l'incendie fera des ravages. Chez vous, vous pourrez stimuler les espaces associés à la réputation et à la célébrité en les décorant de formes rouges ou liées au feu. Alimentez aussi cette énergie par quelques attributs de l'arbre.

Ci-dessus : *On trouve également dans cet intérieur une bonne association des cinq énergies. L'arbre s'affirme par la table, les chaises et le vase de fleurs élancé ; le bougeoir, les coussins et les photographies évoquent le feu ; le sol se manifeste par le jaune et le long canapé bas ; on trouve le métal sur la table, tandis que l'eau est représentée par les coussins bleu marine et le cadre noir.*

À droite : *Ce schéma montre comment les cinq énergies se déplacent et interagissent dans le cycle vital. Grâce à une vision claire de la présence de ces énergies dans le lieu d'habitation, il devient facile de modifier l'esprit de son environnement. En sachant par exemple que l'énergie du métal est stabilisatrice, vous décorerez par les couleurs et les objets qui la représentent l'espace qui a besoin de cette qualité, salle à manger ou chambre. Le feu, qui est une énergie très active, apportera par ses symboles la stimulation nécessaire. Si vous voulez vous détendre, vous introduirez l'eau sous forme de lignes souples, fluides, et de bleus apaisants, à l'opposé des rouges les plus chauds sur le spectre des couleurs.*

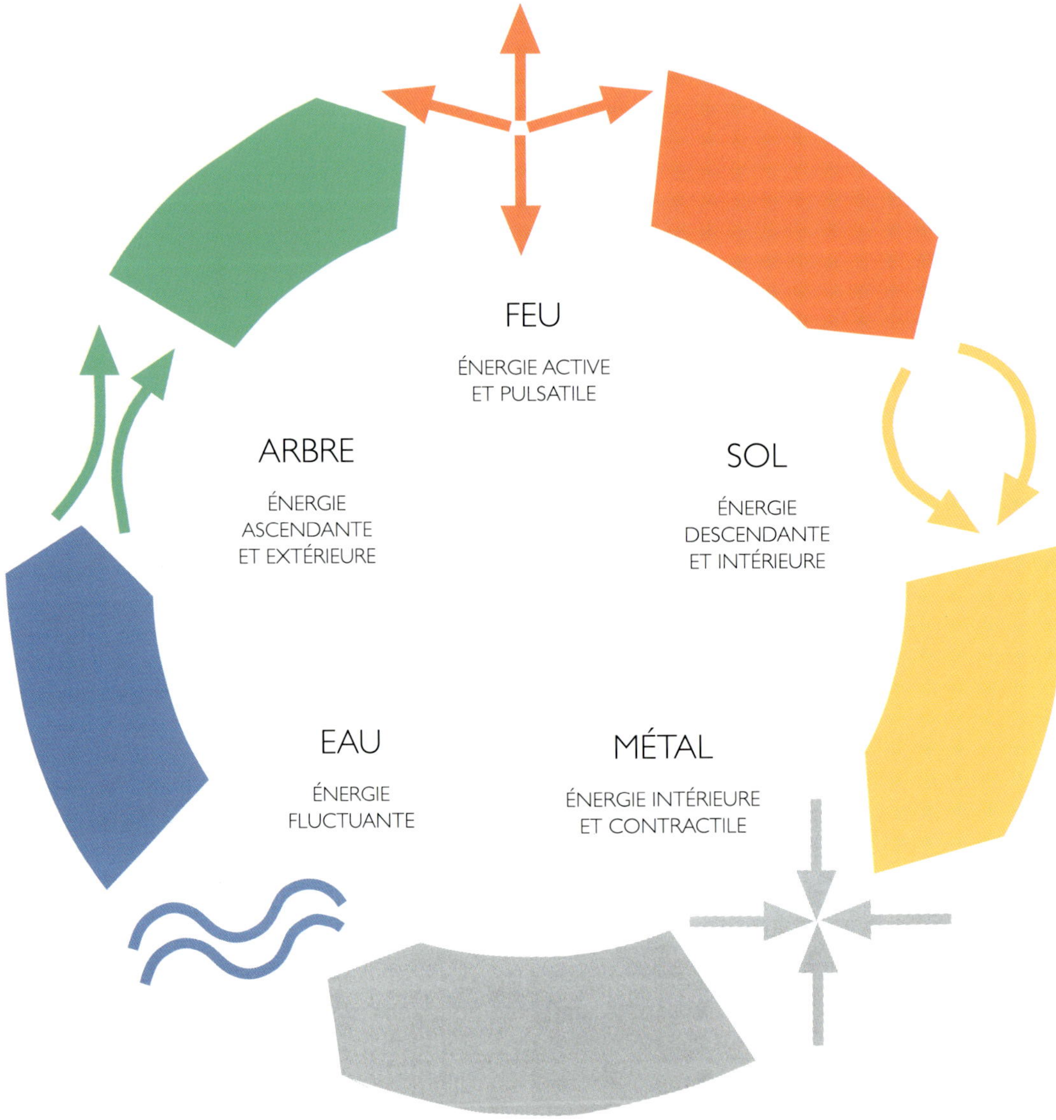

LE SOL

Le sol suit un mouvement descendant et vers l'intérieur. C'est l'énergie stabilisée de la fin de l'après-midi, de la maturation et des moissons. Elle a le jaune et le brun pour couleurs. Elle ne s'associe pas à un point cardinal particulier, car elle occupe une position centrale ; pour cette raison, elle correspond à tout ce qui converge. Elle est liée à trois autres maisons du bagua : Sagesse (8), Relations (2) et Santé (5). Ses vertus comprennent l'honnêteté, la sympathie, la sagesse et la considération ; il s'agit donc d'une énergie de soutien, réceptive et nourricière. Déséquilibrée, elle provoque le scepticisme et l'irritabilité.

Parmi les éléments du lieu d'habitation qui représentent le sol, on dénombre le mobilier large et bas, les tables de desserte, les canapés longs et confortables, les gros coussins. Les matériaux de terre comme la céramique et la terre cuite s'apparentent également au sol.

Une réunion de famille, où il est important de rassembler tout le monde, bénéficiera de fleurs jaunes dans un vase de pierre.

Le sol étant alimenté par le feu, les symboles rouges renforceront également les relations. À son tour, la terre produit le métal comme les ressources minières sont tirées du sous-sol ; ainsi, tout ce qui est lié au sol soutiendra les zones du bagua régies par le métal. Les vertus unificatrices et stabilisatrices de cette énergie favoriseront le lieu où l'on prend ses repas.

LE MÉTAL

Le mouvement du métal est celui d'une énergie qui concentre les forces vers l'intérieur. Il correspond à la fin de l'automne, où l'on goûte aux fruits des récoltes, une période de gratification, qui s'achemine vers l'accomplissement. Le métal est orienté à l'ouest, et sur les lueurs du couchant. Il s'apparente à deux maisons du bagua : les Amis secourables (6) et la Créativité (7).

L'énergie du métal est représentée par la figure du cercle ; aussi les bâtiments aux lignes très courbes, munis d'arcades, sont de nature métallique. Il en est de même du blanc et de l'or, et des matériaux tels que l'acier inoxydable.

Les vertus du métal comprennent la droiture, le bonheur, la sécurité et la plénitude, mais un déséquilibre provoquera tristesse et mélancolie. Cette énergie représente encore les richesses, et notre aptitude à nous récompenser de nos efforts, à en recueillir les fruits. Dans votre bureau, par exemple, un bouquet de fleurs blanches vous aidera à fixer votre attention sur la tâche à accomplir. Dans le cycle vital, le métal est alimenté par le sol, si bien que la Créativité, notamment, bénéficiera à la fois des attributs du sol et de ceux du métal. La nature descendante et stabilisatrice de cette énergie la prédispose aux lieux qui nécessitent la concentration, tels que la chambre à coucher ou le bureau.

L'EAU

L'énergie de l'eau est flottante et tranquille. Elle représente la quiétude de la nuit et de l'hiver. De ce calme et des profondeurs de l'obscurité, nous recevons des signes. Les couleurs de l'eau sont le bleu et le noir, ses formes symboliques sont irrégulières, asymétriques, organiques, fluides, voire floues. Sur le bagua, l'eau correspond à la maison du Voyage (1) et au nord. Les idées nouvelles surgissent du fond de la Créativité. Parmi les vertus de l'eau, on compte la confiance, le courage et la volonté ; aussi, lorsque l'énergie de l'eau vient à manquer, surviennent le découragement et la perte de confiance en soi. Dans le cycle vital, l'eau est créée par la fusion du métal. Si l'on éprouve le besoin de vivifier l'énergie de l'eau dans la maison, ou dans l'une de ses pièces, on peut intégrer ses symboles ou la couleur bleue. Un apport de métal (du blanc, des formes rondes ou des objets métalliques) insufflera un surcroît d'énergie. Par sa nature tranquille, l'eau se prête aux lieux de retraite et de méditation, mais aussi aux lieux où l'on souhaite entreposer divers éléments.

DÉCORATION

RANGEMENT OBJETS BRILLANTS SON OBJETS VIVANTS SYMBOLES EAU AGENCEMENT COULEUR FORME

INTÉRIEURE

RANGEMENT

Considérons tout d'abord la différence entre rangement et « fourre-tout ». Le rangement est net, propre et accessible. Il occupe tous les espaces correspondant à une fonction utilitaire dans la maison : grenier, cave, garage, appentis, penderie, placards, tiroirs à vêtements, coffret à bijoux, étagères à épices et boîte à outils. Les éléments rangés devraient être classés en objets de valeur, objets utiles et objets affectifs, ou, dans l'idéal, en réunissant ces trois qualités. Si vous n'aimez pas quelque chose, ou si vous n'en avez plus besoin, alors cet objet appartient en fait à la notion de fourre-tout ; et il est fréquent qu'une maison possède un débarras où l'on aime entreposer tout ce que l'on utilise plus.

Le fourre-tout comprend donc tout ce dont on ne se sert pas ; les cadeaux que l'on se sent obligé de garder ; les ustensiles auxquels on n'a pas pu assigner de place précise ; les projets inachevés, tels que tricot, magazines à peine parcourus et monceaux de papiers en retard.

Tous ces espaces de rangement, penderies surchargées ou caves archicombles, ont un effet sur vous. Chaque fois que vous êtes confronté à ce désordre, vous en êtes affecté.

Ci-dessus : *Lorsque l'on se plaint de n'avoir rien à se mettre, c'est souvent parce qu'on ne sait pas comment s'habiller. Ranger les vêtements par catégories bien séparées sur les étagères et sur les cintres vous donnera le sentiment rassurant de maîtriser les choses. Si, tous les matins, votre regard s'arrête sur un chaos de vêtements entassés pêle-mêle, vous aurez sans doute des difficultés à pouvoir choisir celui qui vous convient. Votre perception de la vie répondra toujours à la manière dont vous organisez l'espace.*

À droite : *La sobriété et l'atmosphère reposante de cette chambre viennent à la fois du choix des matériaux naturels et d'un rangement impeccable. Les lignes horizontales du lit et des panneaux de la porte équilibrent les verticales de l'armoire et du chambranle. Ce type de rangement est préférable aux façades à miroirs, qui risqueraient de troubler le sommeil.*

Ci-dessus : *Même s'il est préférable de limiter les éléments de distraction dans une chambre, les livres participent ici de la décoration mais sans encombrer les étagères parfaitement rangées. Le rideau léger qui ouvre sur la salle de bains équilibre la masse des volumes, et les paniers posés au-dessus du seuil apportent aussi une note de légèreté.*

En haut à droite : *Si les enfants possèdent des éléments de rangement bien adaptés pour leurs livres et leurs jouets, ainsi qu'un environnement ordonné, ils prendront plus facilement soin de leurs affaires. Choisissez une structure bien conçue afin qu'ils puissent s'organiser simplement. Ici, la chambre est égayée par une étagère tubulaire rouge qui contient les trésors de l'enfant.*

Ci-dessus : *Des étagères encombrées sont parfois le signe d'une mauvaise organisation. Les passionnés de livres ont tendance à les accumuler sans pouvoir établir une sélection. Si vous êtes dans ce cas, veillez au moins à les dépoussiérer régulièrement, et essayez d'éliminer ceux qui ne présentent aucun intérêt ; enfin, éclaircissez les étagères en y plaçant des objets et de petits tableaux.*

Ci-dessus : *Dans ce cadre sobre et esthétique, l'atmosphère reste cependant chaleureuse, grâce à des chaises en bois bien ordonnées autour de la table et à une lourde armoire. Celle-ci contient le strict nécessaire de vaisselle à portée de main, que l'on peut ranger à la fin du repas. Après une journée de travail harassante, cette salle à manger offre un havre qui nourrit l'esprit autant que le corps.*

À droite : *La cuisine est le véritable foyer de la maison. Si elle est bien conçue, la qualité des préparations culinaires n'en sera que meilleure. La netteté des plans de travail, la commodité des rangements, la facilité d'accès de l'équipement inspireront le cuisinier ou la cuisinière et lui permettront de travailler sereinement, notamment lorsque le matériel reste en vue sur les étagères. On veillera à placer les couteaux aiguisés hors de portée.*

Il y a là une dépense d'énergie mal exploitée qui renforce une sensation de confusion. Il existe un lien extrêmement fort entre vous et l'ensemble de vos possessions, que vous les ayez achetées ou que vous les ayez reçues en héritage ; et cet attachement vous empêche parfois de vous débarrasser d'un objet, simplement parce qu'il vous rappelera un souvenir.

Plus vous aurez accumulé, plus vous ressentirez le poids de toutes vos possessions. Ce bric-à-brac obstrue le passage de l'énergie autour de vous. Et, en définitive, cette fuite d'énergie vous empêchera de progresser.

Examinez attentivement tous ces objets inutiles. Où se trouvent-ils par rapport au bagua ? Si un portemanteau surchargé vous empêche d'ouvrir la porte d'entrée, et que cet entassement se trouve dans le domaine relatif au domaine professionnel, peut-être symbolise-t-il vos difficultés à trouver le travail qui vous plairait. Plus vous ralentirez le flux d'énergie en laissant traîner livres et journaux par terre, plus vous rencontrerez d'obstacles dans vos projets.

Vous devez essayer de vous entourer d'énergie saine, vibrante et fluide. Tout ce qui fait obstacle aura un effet négatif, et il est bien difficile de se sentir dynamique lorsque le sentiment de stagnation l'emporte.

On pourrait écrire un livre entier consacré au témoignage de personnes qui ont transformé leur vie en changeant radicalement leur environnement. Et si ces pages ne doivent vous inciter qu'à une seule chose, alors que ce soit à celle de savoir éliminer tout ce qui vous encombre. Vous en retirerez une étonnante sensation de soulagement et de liberté. Si vous voulez imprimer un nouveau tournant à votre vie, créez les espaces qui vous ouvriront ces horizons futurs. Le potentiel a besoin d'espace pour respirer ! Mais ne confondez pas cependant un grand rangement avec un décor minimaliste. Faites simplement en sorte de vous entourer d'objets que vous aimez et, de temps à autre, appliquez ce principe que « moins égale plus ».

En haut : *Tout le monde n'a pas le goût des intérieurs minimalistes, et l'on aime parfois s'entourer de nombreuses collections. L'impression d'encombrement qui peut en résulter sera atténuée si les objets sont en partie utilitaires, par exemple ce broc contenant des fleurs, et si l'on veille à ne pas les laisser toujours au même endroit.*

Ci-dessus : *La simplicité de cet arrangement contraste avec le précédent, qui attire sans cesse le regard. Ici, la frise festonnée qui garnit le rebord des étagères en adoucit les arêtes.*

Ci-dessus : *La lumière et le verre offrent la façon la plus simple de stimuler le chi. Sur l'appui d'une fenêtre, une tablette de verre sera plus efficace que le bois, et la présence de flacons teintés en vert et en bleu (couleurs représentant l'arbre et l'eau) sera bénéfique dans le domaine de la santé. Une petite boule de cristal taillé, suspendue à un fil transparent, complète la composition.*

Ci-contre à gauche : *Un miroir placé au-dessus d'une cheminée crée un foyer d'attraction puissant, et son reflet rafraîchira l'énergie du feu. Cette glace étant le point de mire de la pièce, il faut prendre garde à ce qu'elle réfléchit. Si le séjour est encombré, l'image de ce désordre sera multipliée. Les miroirs peuvent aussi être placés de manière à renvoyer le paysage vers l'intérieur. Le reflet de l'eau est particulièrement bénéfique.*

OBJETS BRILLANTS

Les objets brillants sont ceux qui renvoient la lumière, verre, miroir, cristal, et tout ce qui possède une surface réfléchissante. Ces éléments activent l'énergie en attirant les rayons lumineux ou en les multipliant. Les objets en verre, les sculptures métalliques, la vaisselle bordée d'or, les tissus brochés ou ornés de sequins élèvent le niveau de *chi* partout où on les dispose. Ils sont particulièrement utiles dans les endroits sombres ou dépouillés. Vous pouvez également en disposer quelques-uns dans le domaine des Amis secourables (maison 6), afin de renforcer le soutien dont vous avez tant besoin.

L'éclairage appartient à cette catégorie, et les volumes intérieurs se transformeront selon la quantité de lumière naturelle ou artificielle qu'ils recevront. La lumière est synonyme d'énergie. Vous obtiendrez des changements d'atmosphère spectaculaires en éteignant le plafonnier central d'une pièce et en allumant de petites lampes qui éclaireront des recoins sombres et créeront des pôles lumineux. En adaptant l'installation électrique à certains emplacements, vous enrichirez les domaines du bagua correspondants. Une lampe peut tout à fait améliorer un espace négatif. Un éclairage par le haut contribuera également à élever le *chi* dans une pièce au plafond garni de poutres, au mobilier massif, ou à plafond bas qui repousse l'énergie vers le sol.

Le cristal taillé active l'énergie de façon spectaculaire. Une simple petite boule suspendue dans l'embrasure d'une fenêtre peut avoir une grande influence, surtout si elle capte les rayons solaires, et renforce la charge énergétique du domaine du bagua concerné. Placé dans le domaine des Bienfaits (maison 4), par exemple, le cristal pourra symboliser une meilleure situation financière. Ce même objet, suspendu à la fenêtre ouvrant sur un espace négatif situé au-dehors, sera également très efficace.

Les miroirs jouent un rôle primordial pour améliorer un aménagement. Ils sont l'un des éléments essentiels de la décoration feng shui, mais on ne doit les utiliser qu'à bon escient, car ils ont le très grand pouvoir de faire rayonner l'énergie et d'agrandir les volumes. Ils font circuler les flux dans les espaces réduits, tels qu'une petite entrée ou une porte donnant sur un mur. Il est vrai que dans des lieux très confinés, l'absence de miroir renforce la sensation d'étouffement. Lorsque la topographie d'une pièce ou d'une maison présente un volume manquant (*voir* pages 18-19), les miroirs donneront l'impression de le restituer. En stimulant l'énergie d'un lieu, vous enrichirez le domaine correspondant du bagua. Si vous placez un miroir dans votre entrée, par exemple, et qu'il s'agisse de la zone régissant la carrière, vous affirmez ainsi une volonté de progresser dans votre profession.

En haut : *Un lustre attire l'énergie vers le haut et incite les gens à se réunir.*

Ci-dessus : *Ici, l'énergie est vivifiée par une magnifique collection de verre gravé, dont les facettes taillées rehaussent l'éclat.*

Glaces et miroirs

- *Les arêtes d'une glace sans cadre peuvent mettre mal à l'aise ; il est préférable de l'encadrer ou d'en biseauter les angles.*

- *L'effet est aussi fonction de la forme ; un miroir rond ou ovale créera plus d'harmonie dans une chambre ou dans une petite pièce telle que la salle de bains.*

- *Les glaces ne doivent être ni abîmées ni ternies pour ne réfléchir que des images nettes, sans aucune distorsion. Aussi évitera-t-on les miroirs anciens trop piqués.*

- *L'emplacement d'une armoire à glace dans une chambre n'est pas toujours évident. Vous devez éviter de voir votre propre reflet depuis le lit, car votre sommeil pourrait en être troublé. Les miroirs renvoient de l'énergie, alors que nous recherchons le calme absolu lorsque nous dormons.*

- *Les carreaux de miroir ne semblent pas indiqués dans la mesure où ils renvoient une image totalement morcelée, image qui peut nous gêner, notamment dans une pièce où l'on passe beaucoup de temps.*

- *Assurez-vous que les images réfléchies soient positives, notamment des éléments naturels tels que les arbres. En revanche, veillez à ce que votre miroir ne reflète pas une étagère encombrée ou en désordre, car vous auriez sans cesse cette vision négative.*

Ci-dessus : *Notre regard est naturellement attiré par les objets brillants, comme ces boules étincelantes, les irisations de ce coquillage et les reflets de ces verres à pied.*

À gauche : *Les miroirs ont le pouvoir d'agrandir l'espace et de canaliser le flux d'énergie dans les volumes exigus. Ici, ils sont placés de part et d'autre de l'ouverture entre deux pièces, donnant l'impression qu'il ne s'agit que d'un seul espace.*

Ci-contre : *Nous nous servons tous les jours d'un miroir, notamment dans la salle de bains. Et comme c'est là la seule occasion de nous voir tels que nous sommes, la qualité du reflet est d'une grande importance. Veillez à la limpidité et au bon état du verre. Évitez de placer deux ou trois pans de miroir côte à côte, comme c'est souvent le cas des meubles de salle de bains, car ils renvoient une image brisée.*

SON

Le fondement du feng shui est de faire régner l'harmonie autour de soi et, pour atteindre ce but, il faut beaucoup plus que de simples idées d'aménagement, d'ameublement ou de couleurs. Le son fait partie intégrante de notre environnement pour ses vertus apaisantes, inspiratrices ou dynamisantes. Il peut changer totalement l'atmosphère d'un lieu. Mais, tout d'abord, il s'agit de prendre conscience de tous les sons qui nous gênent. Le ronronnement du frigidaire ou de l'air conditionné, les claquements de la tuyauterie, le déclenchement de la chaudière, le brouhaha incessant de la circulation, tous ces bruits épuisent notre énergie et peuvent nous rendre nerveux.

Au-delà des interventions évidentes et banales, telles que la suppression ou la mise hors service d'installations électriques non indispensables, ou la vérification des divers appareils de la maison, vous pouvez contrecarrer les effets néfastes de ces bruits grâce à d'autres sons. Une musique douce ou stimulante, les sons de la nature agiront comme des fonds sonores bénéfiques ; une petite fontaine d'intérieur et son murmure apaisant, une cassette de chants d'oiseaux ou de bruits marins auront également un effet apaisant. Pour étouffer les vibrations des pas sur le sol, installez des tentures ou des plantes vertes.

Vous pouvez créer de subtils déplacements d'énergie grâce, par exemple, à des mobiles sonores ou d'autres instruments de musique. Un carillon éolien atténuera le flux d'énergie et son timbre ponctuera vos déplacements d'un espace à l'autre, de la même manière que le bruissement d'un rideau de perles marque le passage d'un seuil.

À gauche : *Un mobile sonore peut être accroché à l'entrée, par exemple d'une cuisine dont la disposition implique que vous préparez les repas dos à la porte. Ainsi un carillon vous avertira de la venue de quelqu'un. Le bruissement d'un rideau de perles aura la même fonction. Quel que soit le moyen employé pour marquer le passage entre deux espaces, assurez-vous que ce soit par des sonorités agréables et évitez ces sonnettes au bruit strident.*

À gauche : *Ceux et celles qui associent les carillons au feng shui n'en comprennent pas toujours la véritable fonction. En fait, leur action sur l'environnement est très large. Tout d'abord, ils contribuent à marquer le passage entre l'intérieur et l'extérieur par l'intermédiaire du son. Leur tintement vous rappelle que vous avez changé d'espace. Les mobiles sonores délimitent un territoire ; on peut les suspendre non seulement à l'entrée de la maison, mais aussi à un arbre du jardin. Ensuite, ils atténuent à l'intérieur les énergies trop actives, par exemple dans un long couloir. Le son d'un carillon agissant sur l'humeur, il est important que vous en choisissiez le timbre. Essayez plusieurs modèles avant de vous décider, car il s'agit là d'un choix très personnel. Les carillons peuvent être en métal, en bambou, en bois, en céramique, leurs éléments sonores des tubes ou des clochettes.*

Ci-dessus : *Les plantes offrent une protection naturelle contre le bruit et la pollution ; elles créent un ombrage agréable dans les pièces très ensoleillées. Dans une véranda, elles retiendront l'énergie à l'intérieur de la pièce.*

À droite : *Observez les endroits favoris de votre animal. Si votre chat prend ses quartiers dans votre chambre ou si votre chien se prélasse dans le domaine des Relations, ces lieux sont certainement très importants dans votre vie affective.*

OBJETS VIVANTS

Toutes ces interventions modifient le *chi* préexistant dans votre lieu d'habitation, en agissant sur ses flux et sa qualité. Ici, nous verrons comment augmenter cette énergie par la présence d'éléments vivants, comme les plantes ou les animaux. Les résultats peuvent être spectaculaires dans un espace morne et sans vie.

Plus nous vivons en vase clos, plus notre environnement devient artificiel et plus la présence du monde végétal se révèle nécessaire pour rétablir l'équilibre énergétique. Les plantes représentent une source de *chi* très importante, aussi aurez-vous tout intérêt à les disposer en fonction du bagua ; si le domaine qui correspond aux relations vous semble inanimé, placez-y une plante éclatante de santé. Lorsque vous devez introduire l'élément de l'arbre dans une pièce, ce sont les spécimens les plus hauts qui donnent à l'énergie son élan vertical. La N.A.S.A. a mené des recherches sur les végétaux les plus aptes à purifier l'air ambiant. Le chlorophytum, l'euphorbe et la lunaire, notamment, sont capables d'absorber le rayonnement électromagnétique, et trouvent donc idéalement leur place dans les pièces où l'on utilise des appareils électriques. Évitez cependant les plantes à feuillage pointu, effilé, surtout lorsque l'espace est restreint, et préférez les feuilles larges et arrondies. Si vous vous asseyez à côté d'une plante dardant vers vous son feuillage hérissé, vous ne vous sentirez pas à l'aise ; ce type de plante a besoin d'espace et convient mieux aux lieux publics. Les végétaux contribuent à diminuer l'état de stress et à purifier l'atmosphère en absorbant toxines et polluants de l'air. Soignez vos plantes et remplacez-les dès qu'elles s'étiolent.

L'enracinement des végétaux nous apporte équilibre et stabilité ; aussi, à défaut de posséder un véritable jardin, on peut cependant, en appartement ou sur un balcon, cultiver des plantes en pots, les arroser et manipuler la terre. Le feng shui nous apprend à rétablir le lien avec la nature ; si nous introduisons cet élément chez nous, nous éprouverons un véritable bien-être. On usera avec modération des fleurs séchées, qui n'ont plus de vie ; veillez à les changer au fil des saisons au lieu de garder pendant des années les mêmes bouquets.

Les animaux apportent aussi de la vie au lieu d'habitation. Leur simple présence rend la maison plus accueillante et chaleureuse, car ils stimulent notre affection et notre désir de bien-être. Les poissons rouges présentent l'avantage de vivre dans l'eau, car cet élément est réparateur et gage de prospérité. Les images d'animaux ont presque autant de pouvoir ; des portraits de chats aux murs manifesteront la présence de cet animal et insuffleront davantage d'énergie que des natures mortes de fruits par exemple. Quels que soient vos choix d'aménagement intérieur, faites en sorte d'introduire dans les lieux un élément vivant.

En haut : *Tout ce qui bouge active le chi ; même des oiseaux en cage, qui n'ont pas assez d'espace pour voler, insuffleront de l'énergie par leurs mouvements et leur chant. Si vous en avez la possibilité, installez dehors une vasque qui attirera les oiseaux ; votre intérieur en bénéficiera aussi.*

Ci-dessus : *Observez les endroits où dorment les chats, car ils sont sensibles aux tensions (voir page 12). Si vous changez votre lit de place, mais que le chat ne vous suit pas et se tient à l'écart, il est probable qu'il émane de vous des énergies négatives.*

Ci-dessus : *Trois rouleaux représentant des cartes anciennes ont transformé cette cage d'escalier. Ils apportent une énergie ascendante et évoquent des lieux que l'on aimerait peut-être visiter. Les draperies rouges attirent le regard et animent l'espace.*

À droite : *Choisissez des objets d'art et des peintures qui ont un sens particulier pour vous et sont des sources d'inspiration. Ici, une scène champêtre représentant un berger gardant ses moutons aura un effet apaisant et stimulera les envies de campagne.*

SYMBOLES

Les symboles tiennent une grande place dans notre vie ; ils contribuent à lui donner son sens. Ce sont les signes de l'activité inconsciente de l'esprit, et, pour nous informer et nous convaincre, les médias en ont compris toute la force. Fables, paraboles, récits nous aident à mieux nous connaître depuis les temps les plus reculés, tandis que les icônes, les totems, les talismans et les charmes transmettent toujours quelque message ou vertu secrets. Ils ont le pouvoir d'agir sur nous, consciemment ou inconsciemment, mais, si nous en pénétrons vraiment la signification, nous aurons un meilleur contrôle de nous-mêmes et nous saurons à notre tour mieux les utiliser pour nous éclairer dans nos choix.

L'ensemble de notre lieu d'habitation est marqué par le symbole, car il est notre propre miroir : nous l'avons choisi, décoré et, même si c'est à notre insu, nous l'avons agrémenté d'objets porteurs de sens. Il s'agit là d'une démarche personnelle, un peu comme le choix de nos vêtements. Ainsi la maison devient la métaphore de notre vie et se fait l'écho des situations que nous affrontons. Il n'est pas surprenant, par exemple, que le domaine qui correspond à la carrière soit entièrement vide, si vous connaissez parallèlement une situation professionnelle difficile, sans parvenir à prendre une décision.

Pour comprendre le fonctionnement relationnel, il faut savoir que les neuf maisons du bagua ne sont que les métaphores, ou les symboles, des flux d'énergie qui se déplacent chez vous. Observez le plan de votre habitation. Si ce n'est pas un rectangle ou un carré parfait, quelle partie manque ? Et, dans ce cas, quel est le lien avec votre vie ? La zone des relations est-elle absente, restez-vous célibataire ? Vous vous apercevrez que l'espace le plus confus de votre maison correspond probablement au domaine dans lequel justement vous rencontrez des problèmes. L'incapacité à libérer l'espace et à créer de l'ordre symbolise votre propre confusion.

Examinez votre intérieur uniquement du point de vue de l'entretien. Les fuites d'eau et les taches d'humidité symbolisent une forme de dégradation qui peut être financière. La difficulté à ouvrir ou fermer les portes et les placards évoque l'idée d'obstacles à surmonter. Inversement, si vous sentez que vos relations se détériorent, essayez d'en retrouver les signes dans votre maison. Si vous vous sentez un peu isolé, sans vie sociale, peut-être votre aménagement vous renverra-t-il cette impression, notamment dans les pièces trop sombres ou encombrées, comme si vous aviez créé un barrage entre vous et le monde extérieur.

Nos demeures abondent en symboles qui affectent constamment notre énergie. Les œuvres d'art qui ornent les murs peuvent être une puissante source d'inspiration. C'est en nous concentrant sur quelque chose que nous stimulons l'énergie et déclenchons un phénomène qui attirera les gens vers nous et provoquera les événements dont nous avons précisément besoin pour avancer. Accrochez aux murs, non seulement des représentations

Ci-dessus : *Dans un jardin, les chemins de dalles représentent notre cheminement dans la vie ; un parcours sinueux reflétera mieux la réalité que des lignes brisées évoquant des changements brutaux. Chacune de ces dalles matérialise aussi les étapes que nous franchissons.*

Ci-dessus : *Les célibataires à la recherche de relations ont souvent la surprise de s'apercevoir qu'ils se sont entourés de représentations humaines. Si la solitude vous pèse, entourez-vous de portraits ou de personnages dans des décors différents.*

de lieux que vous avez déjà visités, mais de ceux où vous aimeriez voyager. Peut-être cela vous incitera-t-il à organiser ce départ et à réaliser ce projet ? Il est ainsi important de choisir les sujets des œuvres qui affecteront votre état d'esprit mais aussi l'atmosphère de la pièce. Ainsi certains tableaux représentant des paysages sombres et tristes, sans aucun personnage, diffusent des impressions de mélancolie et d'isolement. Il sera préférable de s'entourer de peintures plus vivantes surtout si vous vous sentez seul et déprimé.

À gauche : *Les poissons sont associés à la prospérité, et le feng shui préconise souvent de placer un aquarium dans la maison du bagua correspondante. Il s'agit d'un lien fort, et la présence de poissons en bois dans cette zone est un symbole important. Les nombres ont aussi une signification symbolique ; évitez le chiffre trois dans le domaine des relations.*

À droite : *Si vous ressentez l'envie de donner un nouveau tournant à votre vie, notamment professionnelle, sans savoir quelle direction prendre, vérifiez chez vous l'espace correspondant à la carrière : s'il est vide, décorez-le au moins d'une carte pour vous guider.*

À gauche : *Les symboles renforcent vos intentions, et vous pouvez investir des objets de valeur, tels ces œufs cloisonnés, d'un grand pouvoir symbolique. Chaque fois que vous les regarderez, ils vous rappelleront les projets ou les rêves auxquels ils sont associés.*

EAU

On utilise rarement l'eau comme élément d'intérieur, en dehors de la cuisine et de la salle de bains, et pourtant on peut réaliser des effets magnifiques. L'eau véhicule une riche symbolique liée à la vie. Source de sagesse dans ses profondeurs secrètes, sa contemplation semble ouvrir sur le sens caché des choses, et la tradition lui attribuait des pouvoirs sacrés. Le temps n'a pas altéré ces fonctions primordiales de l'eau qui nourrit et guérit.

L'eau stimule et rajeunit l'énergie du *chi*. Accordez-lui une place en achetant ou en imaginant une fontaine ou une cascade intérieure, dont la circulation permanente sera assurée par une pompe. Son murmure aura un effet apaisant, mais veillez à régler le débit afin que le bruit ne soit pas trop omniprésent mais joue le rôle d'un fond sonore très doux.

Cette présence de l'eau est la meilleure manière de stimuler l'énergie liée à votre carrière. À l'extérieur, elle peut aussi occuper un espace négatif du bagua ; si le domaine des Bienfaits se situe à l'arrière de la maison, installez-y un bassin ou, au moins, une vasque pour les oiseaux. Par sa vertu de fertilité, l'eau est fortement associée à l'argent : sa présence dans le domaine de la prospérité, grâce à une plante qu'il faudra arroser régulièrement, est importante.

Des cinq énergies, celle de l'arbre est nourrie par l'eau, aussi les deux domaines du bagua qui lui sont associés, les Anciens (maison 3) et les Bienfaits (maison 4), bénéficieront également de cet élément si vous souhaitez renforcer ces deux aspects.

Ci-contre : *L'aquarium est un élément important dans le domaine de la prospérité, non seulement en raison de la présence de l'eau, mais aussi des mouvements des poissons, qui stimulent le flux d'énergie dans cette zone.*

À droite : *Un jet d'eau peut créer un cadre propice au repos et à la contemplation ou agir puissamment pour compenser un manque dans le domaine de la prospérité. Parmi les zones où il est possible d'installer une pièce d'eau, évitez les maisons 8 (Sagesse) et 5 (Santé).*

À droite : *Un domaine du bagua qui aurait besoin d'être stimulé par l'énergie du sol (voir page 40) peut être garni de cinq poteries, ici disposées sur le manteau d'une cheminée. La terre cuite et le chiffre cinq symbolisent tous deux cette énergie.*

Ci-dessous : *Cette table disposée au centre de la pièce s'interpose entre les fauteuils et la porte : elle offre un volume intéressant devant le canapé afin d'éviter l'impression désagréable de tourner le dos à la porte.*

AGENCEMENT

Plusieurs éléments agissent sur les flux d'énergie dans une pièce, et donc sur la façon dont nous la percevons. Comment cette pièce est-elle située par rapport à la porte d'entrée ? À quel domaine du bagua correspond-elle ? Comment est-elle éclairée et quelles sont les couleurs dominantes ? Combien y a-t-il de catalyseurs d'énergie, tels que l'eau, les plantes et les animaux, les mobiles sonores, les miroirs ? Comment est-elle meublée ?

C'est la disposition du mobilier qui influe le plus sur les mouvements du *chi*, aussi sommes-nous directement affectés par l'agencement de notre intérieur. Il suffit de suivre quelques règles simples. Choisissez uniquement le mobilier que vous aimez, car toute connotation négative (par exemple des meubles hérités ou acquis dans des conditions pénibles) vous rappellera de mauvais souvenirs à chaque fois que vous le regarderez. Dans ce cas, envisagez de remplacer les meubles petit à petit, jusqu'à ce que l'ensemble vous plaise et soit entièrement de votre choix. Ensuite, entretenez soigneusement ce mobilier, en réparant toutes les pièces en mauvais état ; si un pied de fauteuil est cassé ou si une porte d'armoire grince, vous éprouverez une impression désagréable dès que vous l'utiliserez. Si un coin de moquette ou une chaise manifeste des signes d'usure, couvrez l'une d'un tapis et l'autre d'un tissu neuf pour leur donner un nouvel aspect ; vous constaterez que l'ensemble de la pièce bénéficiera de votre intervention.

Lorsque vous disposez les meubles, pensez toujours à la façon dont le *chi* se déplacera. Toute hésitation, tout inconfort marqués à l'entrée d'une pièce peuvent symboliser un obstacle auquel vous êtes confronté ; vérifiez à quel domaine du bagua correspond cet espace. Un vestibule très encombré situé dans le domaine de la carrière symbolise les difficultés que vous rencontrez dans votre travail. Si vous rendez la pièce accueillante, vous aurez plus de plaisir à vous y installer, et l'énergie sera renforcée. Si l'aménagement n'est pas confortable, vous ne viendrez jamais dans cette pièce qui restera vide, signe d'un domaine de votre vie au point mort.

Le *chi* doit s'introduire librement par l'entrée, sinuer dans l'espace en vitalisant l'environnement, puis s'écouler de nouveau, à la manière d'une douce brise ; aussi, vous veillerez à ce que le *chi* ne devienne ni trop violent, ni trop stagnant. Les angles, les coins, les poutres apparentes et tout mobilier mal placé entraveront sa circulation.

De toute forme émane un champ de force ; les lignes aiguës accélèrent cette énergie qui se projette dans l'espace comme un trait ou comme une lame. Les traités orientaux de feng shui décrivent ce *chi* tranchant en le comparant à une flèche empoisonnée ou à un souffle mortel. Subir ce type de pression engendre le plus grand malaise, que l'on

Ci-dessus : *La magnifique courbe de cet escalier est une invitation à l'emprunter. Les cages d'escalier jouent un rôle important dans la régulation des flux d'énergie. Ici, cette force se manifeste par une très belle spirale ; les panneaux rectangulaires qui décorent les murs retiennent l'énergie, tandis que la présence de branchages élevés, représentant l'énergie de l'arbre, symbolisent un élan ascendant.*

soit assis à proximité ou que l'on pénètre simplement dans la pièce. Pour atténuer ses effets, évitez de placer un siège dans un coin ou près d'un pilier carré ; dans la cuisine, choisissez soigneusement l'emplacement de tous les éléments et appareils électroménagers, et ne laissez pas le réfrigérateur ou un grand placard entraver vos mouvements ; disposez de biais les meubles anguleux pour que ce soit une face qui regarde la porte ; adoucissez les arêtes des étagères par du tissu ; occupez les encoignures par des plantes vertes et laissez apparentes les formes arrondies. Une table de nuit ronde, par exemple, crée dans la chambre une atmosphère plus douce, propice au sommeil.

L'architecture de notre habitat nous impose souvent de vivre dans des espaces géométriques où règne l'angle droit ; et c'est précisément dans ces endroits que le *chi* ne peut circuler librement. Le désordre qui les encombre ne fait qu'aggraver cette impression de stagnation. Veillez donc à libérer le plus possible ces coins et rendez-les accueillants grâce à des plantes vertes ou des lampadaires qui élèveront le *chi*. En faisant le ménage, essayez de les dégager, pour donner l'illusion d'une pièce plus spacieuse. Si l'occasion se présente, n'hésitez pas à arrondir des encoignures.

Les poutres apparentes gênent le flux énergétique tout en le rabattant vers le sol. Leur bois sombre alourdit une pièce et peut la rendre étouffante, même si l'on veut préserver son authenticité. Si vous ne pouvez envisager de couvrir les poutres, ni même de les peindre dans une couleur plus claire, essayez de stimuler l'énergie en plaçant de hautes plantes vertes ou des lampadaires, ou encore des symboles de mouvement ascendant. Vous atténuerez ainsi l'impression de lourdeur, tout en créant une pièce plus harmonieuse et plus lumineuse.

Ci-dessus : *Il arrive parfois que l'on soit obligé de préparer les repas le dos à la porte si le plan de travail est ainsi orienté ; on peut pallier cet inconvénient grâce à des miroirs ou à des objets comme cette cocotte qui renvoient des reflets.*

Ci-contre : *Une table ronde et la poterie qui en garnit le centre offrent des formes accueillantes qui invitent à venir se rassembler dans cette pièce. Les cinq tableaux fixés au mur donneront un cadre structuré aux échanges.*

À gauche : *Dans une pièce, la lumière et les formes courbes favorisent le flux des énergies. Au contraire, des portes ou des passages encombrés ralentiront ces mouvements. Dégagez les ouvertures et, dans un séjour décoré de nombreux meubles, laissez pénétrer le maximum de lumière naturelle et choisissez des garnitures de sièges claires.*

À droite : *Il importe de trouver le meilleur emplacement du lit dans la chambre, car on y passe environ le tiers de sa vie. On placera la tête de préférence contre un mur porteur avec un angle de vue sur la porte. Ne déplacez votre lit que si vous en ressentez vraiment le besoin (voir page 12). Ici, une tenture descendant jusqu'à la tête du lit, des tables de chevet rondes adoucissent les lignes de ce cadre voué au repos.*

La disposition du canapé, du lit, du bureau et de la cuisinière joue un rôle déterminant dans l'aménagement d'une pièce. La règle d'or consiste à toujours garder un regard vers la porte, tout en créant derrière soi un point d'appui confortable. Si vous tournez le dos à la porte, vous ne pouvez pas voir les personnes venir, et vous avez la sensation que l'on peut vous surprendre à tout moment, sans aucun contrôle, quelle que soit la tâche que vous accomplissez. De plus, dormir le dos à la porte peut provoquer une certaine nervosité et un sentiment de malaise.

Trouver dans une pièce l'endroit idéal pour s'asseoir ou pour dormir équivaut à en découvrir le point nodal, celui qui vous donnera le plus de maîtrise sur vous-même, qui vous procurera le plus de bien-être. Il ne s'agira pas d'un lieu situé directement dans l'axe de la porte, où le flux énergétique agit avec le plus d'intensité. Ce sera là où vous aurez le point de vue le plus large sur la pièce, tout en gardant la porte dans votre champ de vision. Alors vous pourrez vraiment vous détendre. Si vous ne pouvez déplacer ni le canapé, ni le lit, ni le bureau, fixez un miroir qui rétablira l'ampleur du champ de vision et qui permettra aussi de stimuler l'énergie.

À gauche : *Pour aménager un intérieur, il convient d'en varier les éléments, sinon on aura des espaces monotones, uniformément éclairés et chauffés, avec les mêmes décors, les mêmes vues et les mêmes formes. Une véranda ou un patio vitré offrent des pièces originales, en créant un contraste entre le flot de lumière venant du dehors et un intérieur plus feutré. Il ne s'agit pas non plus d'opposer radicalement deux styles de couleurs et de formes détonantes. Ici, un volume très agréable associe les plantes d'intérieur à celles du jardin d'agrément.*

Ci-contre : *Le canapé offre le coin le plus accueillant de cette pièce, grâce à sa position protégée contre le mur et à un champ de vision sur l'entrée. Les miroirs ont la faculté de renvoyer l'énergie ; celui que l'on peut voir dans la partie gauche de l'illustration remplit cette fonction en complétant une zone manquante du bagua.*

COULEUR

La couleur est une manifestation de la lumière et de l'énergie ; elle transforme le monde et ainsi notre perception des choses, de notre cadre de vie. En l'utilisant dans nos intérieurs, nous pouvons créer des harmonies, des associations, en jouant avec les forces de l'ombre et de la lumière. Nous répondons par là à un besoin de notre corps, dont l'horloge interne s'accorde à leur alternance, et à laquelle obéissent aussi nos rythmes endocriniens. C'est ainsi que nous nous reposons la nuit et ralentissons notre activité en hiver, tandis que nous retrouvons notre vitalité à l'arrivée du printemps.

Cette expérience de l'ombre et de la lumière, nous l'appliquons grâce à la couleur qui peut nous offrir un environnement apaisant et propice au sommeil, ou au contraire un espace vibrant se prêtant à la conversation et au jeu. Parce qu'elle fait partie intégrante de nos vies, la couleur agit sur nous, nos pensées, nos comportements, notre affectivité ; ainsi humeurs et sentiments lui sont associés : le vert symbolise l'envie, le bleu la tristesse, le rouge la colère. Il existe une corrélation forte entre notre niveau d'énergie propre et celle que diffuse un environnement coloré. Mieux nous comprendrons ce fonctionnement, mieux nous saurons aménager notre espace en accord avec nos désirs, qu'il ne s'agisse que d'une bonne nuit de sommeil ou d'un petit déjeuner dynamique.

Des recherches ont montré que l'atmosphère d'un intérieur était plus importante que son simple agencement fonctionnel. L'habitat contemporain est beaucoup moins axé sur la notion de pièce assignée à une fonction unique : préparer les repas dans la cuisine, dîner dans la salle à manger, regarder la télévision au salon… Nous préférons désormais un aménagement plus souple, avec des « coins » où l'on se rassemble et où l'on parle, où l'on se détend et se repose, où l'on travaille et lit. La couleur stimule, soutient et accompagne ces activités, et sa présence joue un rôle au moins aussi crucial que celui du mobilier ou de la distribution de l'espace. C'est elle qui décidera du caractère d'une pièce et son action sur les mouvements d'énergie retentira directement sur nous et notre perception de l'environnement.

VERT

Le vert est la couleur de la végétation et de la croissance ; situé au milieu du spectre, il donne une impression d'harmonie et de paix. Il apaise les esprits, calme les nerfs et rassure, c'est pourquoi il a été choisi dans les codes internationaux comme la couleur de la sécurité, et celle qui autorise le passage au feu tricolore. Ces qualités lui confèrent une grande souplesse, et le vert semble convenir à la plupart des contextes, sauf ceux qui nécessitent une forte stimulation, comme les situations de travail. Par sa nature reposante et facile, il paraît tout indiqué pour la chambre à coucher. Mais, également symbole de richesse et d'abondance, il pourra renforcer l'action de la maison 4, celle des Bienfaits. Dans le décor, on l'introduira par des plantes, par le cadre d'un miroir, par une nappe.

Ci-dessus : *Le vert est une couleur reposante qui, associée à l'énergie de l'arbre, représente aussi le cycle de la croissance. Un canapé recouvert d'un tissu rayé complète ce cadre accueillant. Le coussin orange qui le garnit apporte une tache de couleur vive dans une pièce plus propice à la convivialité qu'à la méditation.*

À gauche : *Les vertus calmantes du vert sont ici très actives grâce à une profusion de plantes filtrant le flot de lumière qui pénètre dans la pièce. Le bleu de la garniture des sièges complète l'harmonie de ce décor rafraîchissant et vivifiant qui incite à la détente.*

En haut : *Ce décor équilibre les énergies : le vert et le blanc du bouquet, qui représente l'énergie de l'arbre, se détachent sur un mur où s'exprime le feu ; les formes rectangulaires de la table et du tableau qui la surmonte manifestent, quant à elles, l'énergie de la terre.*

Ci-dessus : *Ici, une harmonie de terre et de feu associe un canapé bas garni de coussins sur un fond ocre très chaleureux.*

ROUGE

Le rouge ne se rencontre qu'assez rarement dans la nature : suivez cet exemple et faites-en un usage modéré. Il s'agit d'une teinte très puissante qui attire l'attention, c'est pourquoi on l'utilise dans la signalisation pour marquer la vigilance. Mais ce n'est sans doute pas la couleur qui convient le mieux à une chambre. Le rouge, en effet, est la couleur de la passion, mais un emploi abusif pourrait engendrer des comportements agressifs. Vous ne vous sentirez pas non plus à l'aise dans une salle à manger rouge. Excessive pour la plupart des espaces intérieurs, cette couleur convient au contraire très bien aux soirées ou aux salles de jeu ; on peut l'utiliser pour capter les regards et stimuler le flux de *chi*. Elle théâtralise les effets et augmente l'énergie du feu dans la zone de l'Illumination (maison 9).

VIOLET

Le violet est une couleur artistique associée à l'intériorité et à la méditation, à la clarté, aux rituels, à la dignité et à l'opportunité. Tirant sur le bleu, il créera une chambre paisible et conférera une certaine majesté à un séjour. Tirant sur le rouge, il sera plus proche de l'énergie du feu et du domaine de la notoriété. Le violet est une couleur solennelle, qui contribuera à créer des cadres imposants. Mais il exprime aussi la spiritualité et favorisera une atmosphère méditative. Enfin, il a été montré que le violet peut avoir une influence bénéfique sur les personnes qui ont des problèmes comportementaux.

ROSE

Le rose est une nuance apaisante du rouge. Cette couleur féminine et nourricière convient bien à une chambre à coucher. En outre, elle est idéale pour les enfants et les convalescents en raison de ses vertus curatives. Le rose agit aussi comme calmant et, à ce titre, sera utile dans les lieux où l'on veut créer une atmosphère sereine, ou chez les personnes qui présentent des troubles du sommeil. Le rose est une couleur tendre qui dissipe la mauvaise humeur et donne l'impression d'être dans un environnement protégé.

ORANGE

L'orange est la couleur de la santé et de la vitalité. Également associé à l'enthousiasme et à l'optimisme, ce ton accueillant convient aux entrées. Mais il faut être capable de supporter son éclat flamboyant, qui risque de devenir envahissant. Idéal pour une pièce orientée au nord qui a besoin de chaleur, l'orange a aussi la faculté d'animer les conversations.

JAUNE

Le jaune symbolise le rayonnement vital du soleil ; il représente la longévité, la bonne humeur et l'intellect. Pour vous concentrer dans votre travail, ayez du jaune en face de vous. C'est la couleur de la terre, celle de l'énergie qui rassemble. Elle convient donc aux lieux de réunion, aux salles à manger, mais n'en décorez pas les espaces exigus, car le jaune y rayonnera avec trop d'intensité. Il est préférable de ne pas le choisir dans une chambre à coucher.

Ci-dessus : *On se sent revigoré par le rouge de ce bouquet. Ce décor chaleureux sera idéal dans un petit salon ou dans toute autre pièce qui accueillera des visiteurs. Ces teintes conviendront moins à un espace réservé à la lecture ou au repos.*

À gauche : *Ici, des stores orange filtrent efficacement la lumière et reprennent les tons chauds de ce décor, idéal pour les conversations stimulantes et les débats. Les autres couleurs vives de la vaisselle favorisent des repas animés, mais on pourra se lasser de vivre tous les jours dans un tel environnement.*

BRUN

Une touche de brun peut avoir un effet stabilisateur, car cette couleur renforce notre lien avec la terre. Le brun, qui évoque l'automne, aura cependant tendance à vieillir un décor s'il est trop sombre. Mais, selon qu'il tirera sur le jaune ou sur le rouge, il laissera une impression vibrante ou éteinte. Il convient donc de bien choisir sa nuance.

BLANC

Notre culture associe le blanc à l'innocence et à la pureté. C'est un fond idéal qui laisse les regards libres de se fixer ailleurs, par exemple sur la décoration murale. Dans un cadre uniformément blanc, tout se détache avec une plus grande netteté ; on porte plus d'attention aux personnes présentes, et ce sont elles qui créent les notes de couleur. Parfait dans les réunions conviviales, le blanc ne convient pas nécessairement à un décor permanent. Son éclat pur renverra efficacement l'énergie, par exemple dans une entrée ; le blanc cassé, le crème, sont en général plus doux au regard et plus faciles à intégrer.

GRIS

Il s'agit d'une teinte ambiguë, associée à l'idée de transition, de changement d'état. Le gris a les propriétés du blanc et du noir sans être ni l'un ni l'autre ; on peut l'interpréter comme un ton d'harmonie ou de compromis, ou au contraire comme une couleur qui évoque des images de tristesse et de morosité. C'est une affaire de choix personnel. Mais si vous l'avez adopté dans votre intérieur, veillez à rafraîchir vos murs régulièrement.

NOIR

Le noir, qui absorbe toutes les couleurs, donne une impression de profondeur. Utilisé à bon escient, il peut créer une atmosphère d'une puissante austérité ou offrir un fond élégant à d'autres couleurs. En revanche, un excès de noir risque de provoquer chez les occupants des humeurs dépressives. Tonalité mystérieuse et singulière, elle est souvent associée au deuil. Elle mettra certaines personnes mal à l'aise, tandis que d'autres lui trouveront des charmes magiques et érotiques. Le noir n'en est pas moins déconseillé dans une chambre d'enfant, une salle à manger et dans tous les lieux associés à l'idée de guérison.

BLEU

Représentant l'énergie de l'eau, le bleu est associé à l'introspection, la tranquillité et la sérénité. Grâce à ses vertus apaisantes, il est tout indiqué dans une chambre à coucher, particulièrement si l'on complète le décor par des tons rose pêche ou rouges qui réchaufferont cette couleur froide. Le bleu ayant encore pour vertu de diminuer le stress, sa présence sera bénéfique dans les situations de conflit, dans les lieux où les tensions sont fréquentes. Il faut cependant garder à l'esprit que chacun réagit différemment aux couleurs. En effet, chez une personne d'humeur mélancolique ou manquant d'énergie, le bleu pourra entraîner une toute autre réaction, non pas en apaisant mais en renforçant cet état dépressif.

Ci-dessus : *Le choix insolite du noir sur ce mur offre en réalité un cadre extrêmement élégant pour cette collection de gravures. Bien qu'il s'agisse d'un décor spectaculaire des plus réussis, il est certain qu'on ne pourrait y prendre ses repas ou vouloir s'y reposer sans éprouver un certain malaise.*

À gauche : *Le blanc et les tons écrus de cette chambre créent une atmosphère très reposante. Toute impression de dureté est gommée par le blanc cassé des murs et les teintes naturelles du lit et des cadres en bois.*

À droite : *Ici, la couleur des murs devrait donner une impression de froideur, mais le plancher de bois clair réchauffe l'atmosphère. Des fleurs orange apportent une note vibrante dans un décor assez épuré.*

Ci-dessus : *La spirale de cette rampe offre un superbe contraste de formes avec le dallage en damier. L'énergie mouvante des courbes retrouve en bas des marches l'assise du sol.*

Ci-dessus à droite : *Un guéridon peut devenir l'élément central d'une pièce ; il sera plus convivial et reposant de se rassembler autour de formes arrondies qu'autour d'une table aux arêtes vives.*

À droite : *Les courbes de cette volée de marches assurent une transition en douceur vers le vestibule et invitent à se rendre à l'étage.*

FORME

Le feng shui s'exprime par des symboles, et les maîtres de la tradition interprétaient les formes du paysage. C'était en général des figures animales qui peuplaient les alentours d'une maison ; les terres qui s'étendaient derrière la protégeaient comme la carapace d'une tortue, et la colline bienveillante qui se dressait à l'est prenait les traits d'un puissant dragon. Le principe était d'équilibrer l'énergie émanant de cet environnement en modifiant la disposition intérieure de la maison et en déplaçant le mobilier.

Au fil des années, nous finissons par nous identifier à notre demeure, comme les maisons de paille, de bois et de brique des Trois Petits Cochons reflètent leur caractère. Nous réagissons constamment aux formes qui nous entourent, consciemment ou inconsciemment, et celles qui ont le plus d'effet sur nous sont évidemment celles que nous habitons. Il sera plus difficile de vivre harmonieusement dans des volumes irréguliers et confinés, que dans des bâtiments spacieux et équilibrés, qui inviteront à la détente et au bien-être.

Les formes en L sont déséquilibrées parce qu'il leur manque de l'espace, et elles peuvent parfois influencer la façon de vivre des occupants. Si la chambre principale se trouve dans l'aile opposée à celle de la porte d'entrée, cela peut symboliser un foyer qui manque de cohésion et de confiance. Si la cuisine occupe cet espace, ce ne sera pas un lieu de convivialité où l'on aime prendre ses repas ensemble, mais une pièce de passage. Dans ce cas, la forme doit être complétée, notamment en installant au-dehors des plantes ou un éclairage qui apporteront l'énergie nécessaire.

Les formes en U créent un vide central, bien souvent situé dans le domaine de la carrière. Si vous emménagez dans une telle configuration, vous devrez essayer de compenser cette architecture. Le foyer peut être stabilisé par la présence de plantes et de lumières extérieures, ou d'objets lourds tels que les sculptures et les vases, qui manifesteront une présence forte. Il s'agit en effet de reconquérir cet espace.

Notre environnement est dominé par le rectangle et l'angle droit, la façon la plus efficace de relier deux points. Dans la plupart des agencements, de longs couloirs nous mènent d'un lieu à un autre aussi vite que possible, avec des changements de direction abrupts. Les flux d'énergie s'accélèrent en même temps et nos vies doivent suivre ce rythme. En revanche, les phénomènes naturels obéissent à des rythmes plus lents, tout en courbes et en spirales, qui nous apprennent à profiter du parcours plutôt qu'à attendre la destination. Un escalier en colimaçon nous guide dans notre montée, mais le sommet garde son mystère parce que nous ne savons pas exactement où il nous mène.

Les constructions rectangulaires ne sont ni en harmonie avec notre corps ni avec ses mouvements, aussi notre énergie n'entre-t-elle pas en résonance avec elles ; leur fonctionnement est davantage lié à un processus mécanique. Nous habitons ce type d'espaces

Ci-dessus : *Les formes des objets et des meubles nous affectent au même titre que les couleurs. Ainsi, une table ronde se prêtera à la réunion de petits groupes rassemblés pour des discussions chaleureuses mais parfois de courte durée. Les tables rectangulaires conviennent mieux aux échanges de nature pratique, aux mises au point détaillées. Les angles droits, plus stabilisateurs, retiendront mieux les énergies. Ici, les côtés arrondis de cette table de salle à manger inciteront aux discussions de groupe, mais sa longueur permettra les apartés.*

parce qu'ils sont plus faciles et plus économiques à bâtir à grande échelle, l'angle droit convenant à la production industrielle. Et le pire devient réalité quand, après avoir créé des environnements artificiels sous forme d'immenses tours urbaines, nous n'imaginons plus comment vivre autrement. Éloignés de la nature et de ses paysages, incapables d'en percevoir les signes, nous ne savons plus rétablir le lien avec les cycles de la vie. Et cet éloignement nous donne le sentiment d'être prisonniers. Instinctivement, nous corrigeons ces déséquilibres en adoucissant les lignes dures par des courbes : fenêtres surmontées d'une arche, moulures et rayonnages en encoignure, plinthes animant l'angle formé par le sol et les murs. On peut encore atténuer la rigidité d'une pièce en aménageant le pourtour d'une cheminée ou par des niches garnies de rayonnages. Il est vrai aussi que la forme rectangulaire se prête au rangement ; elle apporte l'ordre tout en structurant l'espace. Elle représente l'organisation et le fonctionnel.

Les courbes et les cercles retiennent l'énergie créatrice et insufflent la vie. Ce sont des formes fluides et organiques qui stimulent la sociabilité. Un environnement serein et harmonieux associe les deux énergies et les deux figures, celles du rond et du rectangle. C'est en comprenant la fonction des formes que nous pouvons les équilibrer dans l'espace pour accorder à la créativité et au fonctionnel la juste place qui leur revient.

Les courbes et les droites expriment des énergies différentes. Les formes circulaires sont dynamiques et créatrices dans la mesure où elles sont plus proches de la représentation des cycles naturels. Les formes à angles droits sont plus dures et accélèrent les énergies ; elles évoquent la fermeté et la rigidité, mais aussi l'organisation, le fonctionnel et l'endurance.

À gauche : *Inconsciemment ou non, les formes nous affectent. Ici, une table basse triangulaire laisse une impression de douceur grâce à des angles très arrondis. De même, les lignes carrées des sièges sont contrebalancées par un luminaire sinueux à la structure très légère.*

À l'extrême gauche : *Le carré et le rectangle représentent pour l'homme l'ordre et la stabilité. Une association de cercles et de carrés marquera un équilibre entre ciel et terre. Dans cette salle de bains, les angles droits du miroir et du carrelage mural répondent à la rondeur des lavabos, des éclairages, des coquillages et des boîtes.*

En bas à gauche : *Essayez d'introduire les lignes courbes dans votre intérieur pour lui donner douceur et fluidité. Ainsi, ces portes transforment un espace fonctionnel en un lieu accueillant.*

À droite : *Le charme des maisons et des appartements anciens réside dans ces lignes et ces angles qui ne sont jamais tout à fait réguliers. Au contraire, l'habitat contemporain aime la géométrie parfaite. Mais il est facile de briser les lignes trop rigides en y installant des éléments tels que ces étagères arrondies, dont les formes animent l'espace beaucoup mieux que ne le feraient des rayonnages traditionnels.*

LES

ENTRÉES ESCALIERS SÉJOURS CUISINES CHAMBRES SALLES DE BAINS CHAMBRES D'ENFANTS BUREAUX

RÉALISATIONS

La porte d'entrée renvoie une image forte de notre personnalité. Ce porche aux proportions classiques est empreint de grandeur et de solennité. La symétrie des colonnes, des plantes et des lanternes laisse une impression d'équilibre, ce qui suggère que les occupants de cette demeure sont eux-mêmes des gens de confiance. Le jaune de la façade évoque une maison où règne la gaieté et le plaisir de vivre. L'entrée influence nos sensations et nos pensées chaque fois que nous franchissons le seuil de notre maison. Ici, en passant entre ces colonnes, on éprouvera une certaine exaltation. Inversement, tout malaise ou irritation que vous ressentirez en entrant chez vous aura des répercussions dans votre vie. Ici, le vase trônant sur une console semble trop imposant. En son absence, l'entrée paraîtrait plus ouverte, plus réceptive. S'il existe plusieurs portes donnant sur le vestibule, ouvrez celle correspondant à l'espace le plus accueillant, sans doute le séjour ou le salon. La vue d'une pièce depuis l'entrée donne une sensation immédiate de l'ensemble de l'habitation.

ENTRÉES ET ESCALIERS

LES ENTRÉES ÉTABLISSENT LE LIEN ENTRE LE MONDE EXTÉRIEUR ET L'INTIMITÉ DE L'INTÉRIEUR ; ELLES MATÉRIALISENT NOTRE RELATION À LA SOCIÉTÉ. PLUS L'ENTRÉE SERA CHALEUREUSE, PLUS ELLE ATTIRERA L'ÉNERGIE, LES VISITEURS, LES RESSOURCES ET LES OPPORTUNITÉS.

Les entrées sont les seuils par où le *chi* pénètre dans la maison, aussi doivent-elles rester dégagées. Il est important aussi que le portail ou le pas de porte soit visible de l'extérieur, surtout s'il se trouve sur un côté de la maison, à l'écart de la rue ou de la route. La fonction du seuil doit être marquée, que ce soit par des plantes, des sculptures ou d'autres ornements, et par un bon éclairage. Un accès difficile à la porte peut symboliser les problèmes à venir ou la malchance.

L'entrée est le point d'ancrage du bagua ; c'est la source d'énergie d'une maison, d'un immeuble, qui va influencer l'ensemble de l'espace. Si un arbre obstrue l'accès au portail, il représentera un obstacle à l'entrée de nouvelles personnes dans votre vie. Un vestibule petit, étroit, ou donnant sur un mur nu ne laissera pas passer assez d'énergie. Assurez-vous que la porte elle-même joue librement ; s'il faut faire un effort pour l'ouvrir, parce que le bois a joué, parce qu'elle se coince sur le paillasson, sans doute ressentirez-vous une certaine nervosité. Il est également très important de veiller à ce que l'éclairage du porche soit de qualité. Parfois, le simple fait d'avoir installé un carillon ou une sonnette vous donnera une nouvelle énergie car leur sonorité joyeuse aura un effet bénéfique sur votre humeur.

Dans un appartement, c'est votre porte d'entrée qui entre en ligne de compte, mais l'état et la situation des parties communes de l'immeuble qui permettent d'y accéder auront également une influence. Veillez à ce que le palier et le couloir soient bien éclairés et agréablement décorés.

En tant que lieux de transition, les entrées doivent être aussi dégagées que possible afin que le passage entre le monde extérieur et le domicile se fasse en douceur. Un rangement efficace laissera une première impression favorable mais permettra à l'énergie de pénétrer plus librement. À cet égard, il est conseillé de prévoir un espace pour ranger les chaussures, pour que l'énergie du monde extérieur n'empiète pas sur votre domaine.

La porte d'entrée est désormais bien visible grâce aux arbustes en pots qui l'encadrent. Le fait de passer tous les jours devant ces plantes sera une source de bien-être et de force nouvelle. Elles diffuseront aussi une énergie protectrice contre le bruit, la pollution et la circulation dans un quartier très actif. Le heurtoir, qui orne la porte, est un élément positif, mais aucune poignée ne permet de l'ouvrir ou de la refermer. Elle paraît lourde, massive, il lui manque donc un bouton robuste. Pour dissimuler aux regards l'espace inesthétique, on a disposé un treillage de jardin formant écran. Une plante grimpante colorée, du lierre amélioreraient encore son aspect. L'occupante peut également intervenir dans le vestibule pour soutenir ses projets professionnels. Les images d'eau vive apportent l'inspiration, mais elle pourrait aussi s'entourer de symboles associés à la santé. Un tableau où seraient épinglées des invitations ou des informations sur sa nouvelle carrière aurait un effet positif, de même qu'une plante sur une tablette.

Après

Avant

La propriétaire de cette maison de ville à trois étages a récemment quitté un trois pièces exigu où elle vivait avec son mari et ses deux enfants. Mère d'un garçon de neuf ans et d'un deuxième enfant en bas âge, elle est en congé de maternité. Elle ne se montre pas particulièrement satisfaite de ses conditions de travail, et souhaite s'en dégager définitivement pour se consacrer à un projet à long terme, mais qu'elle n'a pas encore clairement établi. Elle s'intéresse aux questions de santé, notamment à l'homéopathie. Elle a le goût de l'écriture et envisage de concilier ses deux centres d'intérêt en collaborant à des ouvrages ou à des publications sur la santé. Sa principale préoccupation concernant l'orientation de sa future carrière, l'entrée, qui se trouve chez elle dans le domaine du Voyage (maison 1), sera l'objet de cette consultation.

La maison, qui comprend quatre chambres, donne sur une artère très bruyante, et la porte d'entrée située sur le côté lui assure une meilleure protection. Il est important de mettre en valeur le seuil de son domicile par un éclairage et un décor très personnel, notamment un choix de plantes, de sculptures ou d'éléments symboliques.

Il peut s'agir de chiens de Fô (les gardiens traditionnels du foyer chinois préconisés par les traités de feng shui), ou de tout autre animal protecteur que vous affectionnez. Leur présence s'accompagnera d'un sentiment de sécurité accru, qui vous aidera à prendre vos résolutions.

Dès le portail, on ne peut manquer de remarquer ces poubelles et ces sacs. La première impression prévaut toujours, car elle influencera votre perception générale ; il est préférable d'éviter que le premier regard se pose sur des ordures ménagères. Le fluide nourricier qui pénètre dans la maison s'est chargé au passage de leurs énergies négatives, alors que l'on recherche avant tout une énergie aussi saine et vibrante que possible. L'éclairage et la couleur jouent ici leur rôle, et les vitraux qui surmontent la porte remplissent magnifiquement ces deux conditions.

Les changements entrepris dans le vestibule influenceront toute la maison, car il s'agit d'un lieu de passage obligé. Ils joueront un rôle déterminant sur les projets professionnels de son occupante, car ils ont été spécialement étudiés à son attention, mais auront probablement aussi un effet positif sur son mari. S'il souhaitait lui aussi un tournant dans sa carrière, des reproductions symbolisant sa vie future, ou un intérêt partagé pour la décoration d'art dans la maison donneraient un autre sens à son activité. La porte d'entrée laisse pénétrer beaucoup de lumière grâce à son arche vitrée et au panneau de verre coloré qui la surmonte.
À la fenêtre, il est préférable de remplacer cette collection d'animaux, placés sur des tablettes de verre trop fragiles. La verrerie colorée que l'on a choisie offre dès l'entrée ses reflets accueillants et incite à emprunter l'escalier. Le verre, tiré du sable, représente l'énergie terrestre qui faisait défaut dans la zone de la Sagesse, et soutient ainsi l'aspiration à la tranquillité d'esprit. On insufflerait encore de l'énergie en suspendant à cette vitre un cristal taillé. L'euphorbe posée dans un panier sur la petite table au pied de l'escalier a été remplacée par des jacinthes bleues, car cette couleur, qui évoque l'eau, stimule la maison du Voyage (1). Des fleurs bleues ont également pris la place des bouquets séchés sur la tablette inférieure.

Avant

La propriétaire de cette demeure est mariée et a trois enfants de moins de douze ans. Il s'agit d'une maison de famille de plan essentiellement carré, à l'exception d'un espace négatif dans l'aire de la Sagesse (8), situé à gauche de l'entrée, dans le garage. Cet espace ne peut être compté dans le bagua parce qu'il est inhabité.
Cette femme se consacre essentiellement à ses enfants, mais elle aimerait reprendre un travail à temps partiel. Elle ne sait pas exactement dans quel domaine, mais envisage une formation. Imaginative, elle n'a guère l'occasion d'exprimer sa créativité, bien qu'elle aime s'occuper de l'aménagement de sa maison, confectionnant des rideaux ou peignant le mobilier. Elle dort mal, aussi se sent-elle constamment fatiguée sans pouvoir profiter de ses journées. Il est vrai qu'elle a choisi de consacrer sa vie à sa famille, ce qui implique le sacrifice de son temps personnel parfois difficile à accepter. Elle aimerait jouir d'un peu de tranquillité, et, en accord avec son mari, elle constate que leur vie commune souffre de ce manque. Les domaines dans lesquels il convient d'intervenir sont donc ceux du Voyage (maison 1), de la Sagesse et de la Créativité (maison 7).
La première chose que nous percevrons en pénétrant dans une maison (que nous en soyons les occupants ou les visiteurs) nous marquera durablement. S'il s'agit d'un mur entier, l'impression sera excellente – meilleure qu'une vue partielle –, surtout s'il donne sur un espace ouvert ou un couloir. Des fleurs sur un guéridon sont des signes de bienvenue. Ici, l'entrée proprement dite, spacieuse, ouvre sur un large vestibule garni au fond d'une petite table et d'un bouquet. Toutefois, pour le moment, cet espace tend à rester encombré. La rampe d'escalier, à gauche du vestibule, offre les courbes de sa balustrade, mais le pied, dissimulé sous des vêtements, sert de portemanteau. La présence de trois enfants implique manifestement de nombreuses allées et venues, et le désordre s'accumule. L'entrée se situe dans le domaine du Voyage, qui représente la carrière ; c'est donc le lieu privilégié de la consultation puisque son influence détermine l'avenir de la maîtresse des lieux. Cependant, tout ce qui obstrue cette partie de la maison entravera ses projets professionnels.

Après

La première chose que l'on aperçoit au fond de l'entrée en ouvrant la porte est ce grand buffet, idéal pour poser le courrier, les clés, des courses et tout ce qui doit monter à l'étage.
Le rangement périodique d'un meuble est essentiel, sinon le malaise persiste – il s'agit en effet de l'élément le plus en vue de cette partie de la maison – et l'énergie y stagne.
La décoration de ce meuble, composée d'ornements aux lignes frêles et allongées, a désormais une allure plus massive : de petits cadres carrés ou rectangulaires accompagnent quelques potées fleuries, l'ensemble dégageant une impression de stabilité.
Une chaise adossée à mi-chemin du vestibule faisait trop souvent fonction de vestiaire et personne ne s'y asseyait jamais. Elle constituait un obstacle inutile. On l'a donc retirée car on s'efforce avant toute chose d'ouvrir le passage à des énergies aussi fluides que possibles, dans la maison comme dans la vie.
Le mur à droite était nu et, comme il correspondait dans l'entrée au domaine de la Créativité (maison 7), il paraissait intéressant d'y accrocher un symbole favorable à la recherche d'un métier. Comme l'occupante des lieux n'a pas encore arrêté ses choix et qu'elle ne sait quelle image représentative retenir, une œuvre d'art donnant une place à l'eau vive ou une carte décorative l'aideront à se déterminer.
Un tapis aux tons rouges dégage une énergie chaleureuse. Il a également été placé là pour stimuler le domaine de la carrière.

Après

Avant

L'absence dans cette demeure de l'aire correspondant à la Sagesse (8) affecte la tranquillité d'esprit de l'occupante et sa capacité à entrevoir clairement son avenir professionnel. Pour stimuler cette zone, on a déplacé le miroir ovale, suspendu au-dessus du buffet, à côté de la vitrine au pied de l'escalier (voir page précédente). Il ouvre ainsi l'espace et donne la sensation que la partie manquante existe. En même temps, le miroir convexe qui le remplace à l'autre extrémité du vestibule élargit le point de vue.

Que faire dans une entrée ?

- *Marquez votre territoire et décorez votre porte d'entrée grâce à l'éclairage, des plantations et une plaque ou une carte qui vous identifient clairement et mettent en valeur votre personnalité.*

- *Aménagez l'entrée comme le cadre d'accueil de votre maison, grâce à des miroirs qui agrandiront l'espace et à des tableaux aux perspectives profondes. Car la première impression vaudra pour l'ensemble de l'habitation.*

- *Maintenez dégagés une entrée, un vestibule, un couloir, sinon vous éprouverez toujours une sensation désagréable en rentrant chez vous. Triez votre courrier et rangez vos papiers au fur et à mesure.*

- *Ne choisissez pas une décoration ou des tableaux trop envahissants. Mieux vaut un tapis uni ou au décor sobre.*

- *Si un vestibule, un couloir d'entrée sont très longs, le chi doit y être ralenti. Divisez l'espace par un carillon, de petites plantes rondes au sol ; ou bien distrayez l'attention par une frise au pochoir, un motif de lierre ou de vigne vierge, par exemple, qui auront la même fonction.*

- *Ne laissez pas l'énergie se disperser : la courbe d'un escalier la stimulera, des miroirs ou des objets brillants placés derrière la porte d'entrée ou en haut de l'escalier la refléteront.*

À gauche : *La façon dont est conçue l'entrée donne le ton à l'ensemble de l'intérieur. Cette luxuriante composition florale est là en signe de bienvenue. Le ton jaune d'or des murs rassemble les énergies et les coins arrondis de la table en console en adoucissent le flux. Les tableaux accrochés dans la cage d'escalier renforcent ses lignes ascendantes.*

À gauche : *Marquer clairement la présence d'une porte d'entrée sera toujours bénéfique. Ici, le résultat est superbe grâce à la symétrie des vases de terre cuite et des arbustes d'ornement. De ce type de composition émane toujours une sensation d'équilibre et de rythme. Lorsque la vue porte loin sans rencontrer d'obstacle, l'énergie a tendance à se disperser. Ici, une statue de jardin ramène l'attention au premier plan.*

Ci-dessus : *Laissez l'espace d'un vestibule ou d'un couloir d'entrée dégagé. Ici, le bel arrondi du mur crée des volumes fluides, et la plante en pot posée sur un guéridon apporte une note accueillante.*

À gauche : *Les éléments de métal brillant sur cette porte d'entrée stimulent l'énergie ; ils protègent aussi la maison si celle-ci est située près d'une artère à grande circulation.*

LE SÉJOUR

AUJOURD'HUI, LE SÉJOUR EST À LA FOIS L'ESPACE DE LA VIE SOCIALE ET LE FOYER FAMILIAL DE LA MAISON, LE LIEU OÙ L'ON MÈNE LA VIE COMMUNE ET OÙ L'ON REÇOIT. CETTE PIÈCE DOIT ÊTRE CONFORTABLE, BIEN ÉCLAIRÉE, PROPICE À LA MISE EN VALEUR DES OBJETS QUI NOUS SONT CHERS.

Alors qu'autrefois le séjour prenait différents noms et avait différentes fonctions – parloir, boudoir, fumoir, petit salon, grand salon –, il s'agit maintenant d'un espace multifonctionnel. On y reçoit, on s'y détend, on y regarde la télévision, on y parle ou on y lit. Cette pièce joue deux rôles principaux : on la veut accueillante – plus que formelle – et confortable. Lieu de réception par excellence, le séjour se rapproche de l'entrée plutôt que de la cuisine, ou des chambres dans le cas d'un appartement. L'ameublement et la décoration doivent en outre être chaleureux pour que l'on ait envie de venir s'y asseoir.

En disposant le mobilier, essayez de former des angles ouverts, un peu comme les côtés de l'octogone du bagua. Les sièges placés face à face donnent une allure plus formelle. Mieux vaut ne pas s'asseoir le dos tourné à la porte, et se réserver au contraire un siège adossé au mur face à l'entrée. Les visiteurs, qui par définition ne sont là qu'occasionnellement, pourront s'asseoir dans des endroits moins protégés. Les sièges tournés vers la télévision placeront l'écran en position dominante, rendant la communication difficile. Il est infiniment préférable de les disposer autour d'une cheminée, qui, la plupart du temps, concentre l'attention et procure une sensation de bien-être et de convivialité. Si la chaleur est trop vive, et que l'on a du mal à se détendre, un miroir fixé au-dessus de la cheminée rafraîchira l'atmosphère, de même que des plantes disposées de part et d'autre. Pour créer l'équilibre, placez sur la cheminée des objets symétriques.

C'est dans le séjour que vous exposerez vos collections et vos objets d'art. Choisissez avec soin ces éléments de décor, car ils reflètent votre personnalité profonde ; de plus, ce sont autant de signes de vous-même que vous livrez aux visiteurs. Pensez aussi que vous les verrez tous les jours.

Meublez la pièce sans l'encombrer car cela nuirait à la fluidité de la circulation. Le séjour est le lieu où se concentre l'énergie, qui se disperse ensuite dans les autres pièces. Préservez toute la clarté et la vivacité de cette énergie ; les fenêtres avec vue sont très agréables et laissent entrer la lumière, mais il convient de placer des plantes vertes devant des baies trop grandes.

Si vous avez une vue splendide de vos fenêtres, placez des jardinières sur les appuis pour attirer l'attention sur la pièce, sinon l'énergie aura tendance à se disperser. Ces plantes ont également une action protectrice contre les influences négatives de l'extérieur : l'éclairage public ou les routes à grande circulation, par exemple. Ici, la plante grimpante derrière la porte-fenêtre maintient l'attention au premier plan sans cacher la vue sur le jardin.

Il est idéal de pouvoir régler l'intensité de la lumière dans un séjour, selon la fonction que la pièce remplit et l'atmosphère que l'on souhaite créer. Des stores, des voilages filtrent le jour au gré de vos envies tout en adoucissant les lignes dures.

Certains appareils ont tendance à monopoliser notre attention et notre énergie. Il est souvent préférable de dissimuler la télévision derrière un meuble ou un écran pour qu'elle ne domine pas l'espace, et afin de focaliser l'attention sur d'autres éléments. Si vous n'avez pas de cheminée, disposez les sièges autour d'une table basse garnie d'un grand vase de fleurs, comme ici.

Après

Les occupants de cette grande maison de ville du XIXe siècle y vivent depuis sept ans. Ils ont consacré leurs énergies à des travaux de rénovation importants et notre consultation a révélé quatre domaines essentiels dans la vie de ce couple. La femme vit une insatisfaction professionnelle et cherche à abandonner son travail pour devenir architecte paysagiste, ce qu'elle considère comme sa véritable vocation. On peut en déduire des perturbations dans la maison du Voyage (1) ainsi que dans celle de la Créativité (7) : elle a des difficultés à trouver le temps de se consacrer à l'activité qui lui apporte le plus de satisfaction.

Il faut aussi examiner avec attention l'aire de la Sagesse (8). La tension créée par la perspective de ce tournant professionnel l'empêche de prendre le temps de la réflexion. Son mari, qui a récemment monté une affaire qu'il dirige de son domicile, aime son travail, mais ne sait pas non plus se ménager les moments de répit auxquels il aspire. De plus, il ne se considère pas comme quelqu'un de très comblé, et le couple connaît des difficultés financières : il est donc probable que la maison des Bienfaits (4) présente un blocage. Aspects très positifs, ils sont tous deux en bonne santé et se sentent entourés d'amis proches sur lesquels ils peuvent compter. Les domaines de la Santé (5) et des Amis secourables (6) fonctionnent donc très bien, et il n'y a pas lieu d'y intervenir.

Plus que toute autre pièce, le séjour en dit long sur notre personnalité, nos aspirations et nos rêves. Les tableaux que ce couple expose aux murs, les souvenirs qu'ils ont rassemblés de leurs voyages, les livres qu'ils lisent, les magazines et la décoration qu'ils apprécient, sont autant d'éléments qui les définissent. S'ils les remettent en question, c'est eux-mêmes qu'ils mettent en cause.

L'allure de ce séjour, surchargé de meubles, reflète leurs problèmes. Ils ne trouvent pas le temps de faire ce qu'ils aiment, et cela les soumet à de vives tensions. Cette pression ne se relâchera que s'ils allègent la décoration intérieure ; ces obstacles matériels éliminés seront peut-être le signe d'une volonté de se libérer des contraintes actuelles.

Avant

Dans ce séjour, une porte condamnée correspondant à la zone de la carrière était bloquée par un fauteuil. Une tenture a été choisie pour masquer cette ouverture désaffectée, supprimant une certaine confusion qui pouvait naître de la disposition antérieure. Ces fauteuils, dont l'agencement était mal conçu, ont été déplacés ; même si les propriétaires les appréciaient beaucoup, ils ont pris conscience qu'ils n'avaient pas leur place ici. Sur la table, on a enlevé les magazines et les bibelots qui l'encombraient pour atténuer l'impression de désordre.

Ce séjour est constitué de deux petites pièces réunies, dont une poutre marque encore la séparation. Cet aspect, qui déterminait la disposition des sièges, a été l'objet d'une grande attention. Le canapé était trop près de la poutre, si bien que les personnes qui s'y asseyaient ne se sentaient pas à l'aise. L'espace conçu autour du buffet bas et des appliques ne laissait pas la place à ce grand tableau accroché au mur. Cette scène de montgolfière et la lumière existante compensaient bien l'énergie descendante, mais il fallait déplacer cette peinture démesurée. La cheminée désaffectée était garnie de branchages, de pommes de pin et de feuilles sèches. À côté se trouvait un seau à charbon rempli de bûches. Cet agencement semblait fatigué, poussiéreux et démodé. Aucune fleurs fraîches ne venaient l'agrémenter, seulement des pots-pourris, qui renforçaient l'impression d'immobilité et de stagnation.
Trois pendules cassées marquaient chacune un moment suspendu du temps, l'une d'elles située dans le domaine des Bienfaits (4).
Cette pièce, déjà encombrée, dégageait un certain malaise, qu'il fallait apaiser, sans même mentionner le fait que la zone de la Sagesse (8) manque à la fois dans le séjour et sur le plan de la maison, ce qui peut accentuer l'effet de stress.
Les chaises flanquant le buffet ont été enlevées pour libérer l'espace. On a remplacé la grande peinture par une image plus petite. La pile de magazines sur l'étagère inférieure a considérablement diminué ; on n'en a conservé que quelques précieux numéros.

Après à gauche **Avant** ci-dessus

L'énergie de l'arbre, dominante dans cet espace, s'exprimait par la présence du bahut et du large cadre du miroir. Il fallait apaiser ce flux ascendant trop dynamique. Les habitants ont choisi une nappe ovale écrue pour tempérer cette énergie (le blanc et les formes circulaires représentent l'énergie du métal, qui contrebalance celle de l'arbre). On peut aussi envisager un tapis rond de couleur crème couvrant le plancher.

Ci-dessus : *En hiver, le feu brûlant dans la cheminée apporte charme et réconfort, mais, tout le reste de l'année, l'âtre n'est plus qu'un coin sombre. Des bouquets de saison lui redonneront vie.*
À droite : *Ce guéridon garni de plantes, ainsi qu'une lumière tamisée qui se reflète dans un miroir, offrent une excellente composition pour éclairer un coin sombre et activer un domaine du bagua, notamment celui des Bienfaits (4).*
Page ci-contre : *On ressent du bien-être lorsqu'on peut maîtriser son cadre de vie. Dans l'idéal, les sièges devraient être adossés à un mur. Si ce n'est pas possible, il convient au moins de préserver la vue sur la porte.*

Que faire dans un séjour ?

- *Les tables rondes se prêtent mieux aux réunions conviviales que les tables carrées ou rectangulaires.*

- *Évitez les dessus de table en verre, dont les arêtes, même adoucies, n'incitent pas à la détente.*

- *Le jaune, une couleur qui rassemble, est souvent un excellent choix dans un séjour. Veillez à ce qu'il ne soit pas trop intense, et ne l'utilisez pas pour décorer de petits volumes.*

- *Les fleurs fraîches apportent un renouveau d'énergie ; si vous préférez cependant les fleurs séchées, changez-les au fil des saisons.*

- *Veillez à ne pas trop encombrer l'espace de meubles pour que l'on puisse se rassembler et circuler aisément.*

- *Si vous avez des poutres apparentes, évitez de placer des sièges juste au-dessous.*

- *N'orientez pas de siège vers l'angle d'un mur ou vers toute autre forme dure, ce qui provoquerait une impression de malaise.*

- *Des photos ou des portraits de famille renforceront la cohésion du foyer.*

- *Créez un point d'attraction dans la pièce, excepté la télévision qui devient vite envahissante.*

Si le style rustique ne plaît pas nécessairement à tout le monde, il est cependant préférable d'éviter de choisir des matériaux en métal et plastique brillants. On peut être attiré par ces revêtements d'une éclatante netteté, mais il faudra essayer d'en atténuer la dureté. Si, au contraire, vous réservez la meilleure place aux matériaux naturels, votre cuisine n'en sera que plus accueillante et apaisante, et les repas que vous y préparerez ou que vous y prendrez en bénéficieront. Mais, dans un décor volontairement un peu austère, vous pourrez tempérer la rigueur du métal et du marbre par des matières plus rustiques, tissées, tressées.

Les couleurs claires, reposantes, conviennent aux cuisines et aux salles à manger, notamment le vert et le jaune. Mais des tons rouges, plus chauds, peuvent être efficacement employés, par exemple pour un dîner que l'on voudrait animé.

Il vaut toujours mieux travailler dans des espaces clairs et dégagés, c'est pourquoi l'éclairage joue un rôle important dans la cuisine, où les plans de travail devront être en pleine lumière.

En revanche, on pourra dîner aux chandelles ou sous un éclairage tamisé.

CUISINES ET SALLES À MANGER

LA CUISINE ET LA SALLE À MANGER, OU LE COIN REPAS, JOUENT UN RÔLE ESSENTIEL, CAR NOUS PASSONS UNE GRANDE PARTIE DE NOTRE TEMPS DANS CES LIEUX, QUI SONT SOURCE DE VIE ET DE SANTÉ.

La cuisine est à proprement parler le foyer de la maison. C'est aussi la pièce « nourricière » par excellence, il est donc vital que la personne qui y prépare les repas puisse le faire dans le calme. Notre santé et notre vitalité dépendent en effet de la manière dont nous assimilons les aliments, et un environnement confus peut perturber notre hygiène de vie. La cuisine doit être propre, rangée et dégagée ; seul un lieu spacieux et organisé pour le rangement favorisera le flux de *chi*. Veillez à ce que les plans de travail ne soient pas entourés d'angles et d'arêtes aiguës.

La situation de la cuisine influe sur la vie familiale. Si, elle donne l'impression d'être une extension de la maison sans y être vraiment intégrée, ses occupants auront tendance à prendre leurs repas seuls ou à l'extérieur. Si, au contraire, elle est bien visible depuis la porte d'entrée, l'attention se portera immédiatement sur ce lieu chaleureux. Et si vos visiteurs doivent passer par la cuisine, il y a de fortes chances pour que vous les invitiez à déjeuner ou à dîner. L'un des facteurs d'harmonie est l'emplacement de la cuisinière par rapport à la porte, à l'évier et à la fenêtre (*voir* page 108).

Il est toujours préférable de prendre ses repas au calme. Évitez les décors ou les tableaux trop toniques, le désordre sur la table. Les éléments essentiels dans une cuisine sont l'eau et le feu, que l'énergie de l'arbre vient équilibrer ; aussi le bois et la couleur verte agiront positivement. Dans l'idéal, la table devrait occuper un espace séparé de la cuisine, mais, si tel n'est pas le cas, veillez à ce que tout le matériel soit rangé avant le repas et que tout ce qui concerne sa préparation ne vienne pas le distraire. Éclairez la table par un plafonnier ou par des bougies plutôt que par un éclairage direct trop violent.

Avant

Le couple qui possède cette grande maison de quatre chambres n'y habite que depuis trois mois, mais ce fut pour tous deux le coup de foudre. Ils partageaient visiblement avec les précédents propriétaires le goût des décors simples et naturels : espaces dégagés, murs blancs et sols recouverts de coco. Mais leurs prédécesseurs, qui avaient trois enfants, ont aménagé leur domicile en fonction de la vie familiale, dont l'atmosphère imprègne encore la maison. Les propriétaires actuels, qui se connaissent depuis vingt ans, ne veulent pas d'enfant. Ils éprouvent donc le besoin de changer l'esprit des lieux, de se les approprier en mettant en valeur leurs propres activités. Ils peuvent tout à fait transformer le cadre de vie, pourvu que leurs intentions soient clairement inscrites dans l'espace.

La cuisine se situe entre le vestibule et la salle à manger, au centre de la maison. Le décor est très nu, l'association du marbre gris et du carrelage blanc assez dure. D'une manière générale, l'intensité de blanc qui domine dans l'ensemble de la maison a besoin d'être adoucie. De même, la salle à manger, très austère, ne donne guère l'impression d'un lieu où l'on aime se réunir. Ce couple a besoin de s'entourer d'un cadre plus chaleureux dans les pièces destinées aux repas et à leurs préparatifs.

La salle à manger est une construction ajoutée ; cette extension crée un espace négatif dans le domaine des Bienfaits (4) à l'arrière de la maison. La femme, qui approche la quarantaine, devrait se distraire de son travail par une activité créatrice ; le jardinage jouerait très bien ce rôle, et ce contact avec la nature la détendrait.

Ici, ce sont la cuisine et la salle à manger qui demandent une intervention, parce qu'il s'agit des pièces qui ont le plus d'influence sur la santé des occupants et celles qui reflètent le mieux leur état d'esprit : tous deux souffrent en effet de petits problèmes de santé, et un aménagement plus harmonieux pourrait les aider.

Ici, les problèmes de santé demandaient une attention particulière ; il s'agissait donc de recréer un cadre reconstituant. En raison de l'abondance d'objets métalliques – faitouts, casseroles, bouilloire, panier à fruits, moulins à poivre et à sel en aluminium ou en acier –, la cuisine laissait une impression de sévérité. L'introduction de matériaux naturels a adouci ce décor trop dur et trop brillant.

Une épaisse planche à découper et un égouttoir en bois, symbolisant l'énergie de l'arbre, ont été placés sur le plan de travail entre l'évier, figurant l'énergie de l'eau, et la cuisinière, représentant celle du feu.

Les cuisines très modernes peuvent avoir beaucoup d'allure mais ne présentent pas forcément un cadre très chaleureux. L'association du bois avec la couleur bleu-vert des éléments est un choix excellent, mais cet espace restait encore trop dépouillé. On a donc disposé des paniers de légumes et des pots d'herbes aromatiques pour introduire l'élément végétal et adoucir l'effet d'ensemble.

Bien que les propriétaires n'aient pas de problèmes financiers, les Bienfaits (4) correspondent ici à un espace négatif. Un petit miroir rond de la taille des brûleurs, suspendu au-dessus de la cuisinière, sera un symbole de prospérité.

Après ci-dessus et ci-dessous

Après

La salle à manger était vide, à l'exception d'une table ronde et de quatre fauteuils de toile, aménagement propice aux réceptions, mais beaucoup moins confortable pour la vie de tous les jours, et sans aucune atmosphère d'intimité pour le couple habitant les lieux.

Bien que les occupants ne connaissent pas de difficulté dans leur relation, il est important de protéger les domaines qui fonctionnent, notamment lorsqu'on est confronté à une situation nouvelle ou lorsqu'on emménage. Dans l'état actuel des choses, ce couple est bien conscient que les nombreuses soirées auxquelles chacun est tenu d'assister ne leur laissent guère le temps de se retrouver. Des dîners en tête à tête les rapprocheraient d'autant plus que cette pièce est située dans le domaine des Relations (2).

Pour que les repas ne soient plus soumis au temps, la pendule murale a cédé la place à un paysage aux tons ocre et roses, symbolisant les relations et l'élément nourricier. Ce couple pourrait par la suite choisir un tableau ou une photographie où dominerait le jaune, couleur de l'énergie terrestre, par exemple deux tournesols éclatants.

D'une manière générale, cette pièce avait besoin de convivialité ; si la table ronde convenait parfaitement, elle était malgré tout trop nue.

Le plat garni d'oranges et de citrons offre également des lignes rondes et crée un élément d'attraction puissant. De son côté, la nappe à carreaux adoucit le décor tout en lui apportant une note chaleureuse. Même si cette pièce ne se situe pas dans le domaine des Amis secourables (6), elle est maintenant prête à accueillir les amis.

Avant

On modifiera l'atmosphère de cette salle à manger au fil des saisons grâce à de nouvelles plantes ou en changeant la couleur de la nappe : des verts tendres au printemps, des bleus rafraîchissants en été, des jaunes à l'automne. Très exposée, cette pièce aux baies vitrées a besoin de symboles qui concentrent l'énergie, surtout en hiver. La terre cuite, la céramique, les plantes, mais aussi des tons chauds rouges et ocre, rendront cette pièce agréable à vivre.

Si le plafond est élevé, on peut rééquilibrer les volumes par une décoration murale et des plantes disposées autour de la table. Le mur de gauche, situé dans la zone des Anciens (3), pourra s'agrémenter de photos de famille. D'une manière générale, les portraits représentant les enfants avec leurs parents aident à résoudre les difficultés relationnelles car ce sont des facteurs d'harmonie.

Un petit cristal taillé suspendu à la fenêtre contribuera à compenser l'absence du domaine des Bienfaits (4). Pour protéger la pièce, la véranda doit être bien éclairée et garnie de plantes en pots florissantes.

À gauche : *Évitez de placer la table dans un lieu de passage ou au carrefour de plusieurs portes, car ces éléments perturberaient le déroulement des repas. De même, un mobilier ou des objets aux lignes dures risquent de donner une certaine froideur à la pièce. Inversement, les lignes sinueuses de cette étagère composent un cadre apaisant.*

À droite : *L'emplacement de la cuisinière est extrêmement important. Il vaut mieux ne pas la placer sous une fenêtre pour éviter les pertes d'énergie, et la personne qui prépare les repas ne devrait pas tourner le dos à la porte. La disposition idéale forme un triangle entre le réfrigérateur, l'évier et la cuisinière. Cette dernière sera de préférence alimentée au gaz, car c'est la source d'énergie la plus proche du feu. Les tables en bois assurent un confort que ne procurent pas les plateaux de verre.*

À gauche : *Saisissez toutes les occasions d'arrondir les volumes d'une pièce par des lignes douces, qui laisseront circuler l'énergie beaucoup mieux que les angles et les arêtes. Cette table ronde et ce buffet aux lignes courbes créent une atmosphère conviviale dans cette cuisine.*

À droite : *Dans une cuisine, évitez de choisir des tableaux trop envahissants, soit par leurs couleurs ou leur sujet. En effet, cette pièce doit inviter à la détente pour que les repas soient pris dans le calme et la convivialité.*

Que faire dans la cuisine ou la salle à manger ?

- *La cuisinière, l'évier et le réfrigérateur doivent former un triangle. Si l'évier se trouve à côté de la cuisinière, placez une planche à découper entre les deux pour équilibrer les énergies de l'arbre, du feu et de l'eau.*

- *Lorsqu'on travaille dans la cuisine le dos tourné à la porte, les reflets d'une bouilloire, d'un grille-pain ou d'un faitout en métal, enfin un carillon placé sur la porte évitent d'être surpris par l'arrivée d'une personne.*

- *Le réfrigérateur peut être placé face à la porte, car il n'implique pas des tâches aussi longues. Veillez à ce qu'il soit bien garni de produits frais, qui symboliseront la prospérité du foyer.*

- *La qualité de l'éclairage est essentielle dans la cuisine, dont toutes les parties fonctionnelles doivent être accessibles en pleine lumière.*

- *Veillez à la bonne aération de la cuisine : les odeurs ne doivent pas envahir les autres parties de la maison.*

- *Ne placez pas de pendule : gardez le lieu du repas hors du temps.*

- *Si vous aménagez entièrement votre cuisine, concevez-la en fonction de la personne qui y passera le plus de temps.*

- *Évitez les matériaux brillants et métalliques et préférez des matières naturelles.*

- *Les couleurs claires créent dans une salle à manger un cadre apaisant, mais des tons plus rouges conviendront bien à un dîner animé.*

CHAMBRES

APRÈS DE LONGUES JOURNÉES D'ACTIVITÉ, LA CHAMBRE À COUCHER DOIT ÊTRE UN LIEU VOUÉ AU REPOS. LOIN DES ÉPROUVANTES SOLLICITATIONS DU MONDE EXTÉRIEUR, C'EST DANS CE HAVRE QUE L'ON SE DÉTEND ET SE RÉGÉNÈRE.

De plus en plus, on prend conscience que l'hyperactivité et la surinformation sont des causes de stress permanent. Ce qui signifie qu'à la fin de la journée, on recherche davantage un lieu où l'on peut se recueillir, plutôt qu'un lieu de distraction ou de stimulation. Aussi, l'une des meilleures choses consiste à aménager votre chambre en un refuge sobre et dépouillé pour assurer le repos des yeux et celui de l'esprit.

L'idéal est de dormir dans une petite chambre dans laquelle on aura éliminé tout ce qui peut affecter la qualité du sommeil. Les vêtements portés pendant la journée, symboles du monde extérieur, devraient être rangés à part. Il n'est pas évident de trouver l'espace nécessaire, mais une redistribution judicieuse de votre intérieur permettra de faciliter cette séparation bénéfique entre le jour et la nuit.

L'emplacement et l'aménagement de votre chambre peuvent jouer un rôle important sur votre état de santé général, votre fraîcheur et votre disponibilité d'esprit au lever. La chambre principale sera située de préférence à l'arrière de la maison, isolée des allées et venues de l'entrée. Lorsque vous venez d'emménager dans une nouvelle maison, passez si possible une nuit dans chaque chambre pour en éprouver la « qualité » avant de choisir celle où vous vous sentirez le mieux. Il vaut mieux éviter les pièces éloignées du corps principal, car l'intimité de la chambre doit être présente au cœur même de la maison. Si vous cherchez un appartement, vérifiez qu'il ne soit pas situé au-dessus d'un lieu de passage actif et bruyant car ce flot d'énergie constant ne sera pas propice au repos.

Retenez une chambre pour son confort plutôt que pour son espace. La régularité de la forme, la symétrie conviennent mieux que les recoins et les dégagements, plus adaptés aux pièces communes : ils laissent une impression d'agitation alors que l'on souhaite des volumes apaisants. En examinant la chambre, repérez les éléments susceptibles de troubler le sommeil : miroirs, appareils électriques, tableaux, couleurs, tout ce qui peut vous empêcher de récupérer totalement.

Même si vous avez une grande chambre, résistez à la tentation d'y intégrer trop de choses. Les occupants de ce vaste appartement ont aménagé la leur dans un style simple et épuré. Dans cet espace dégagé, ils ont placé un très grand lit, qui meuble à lui seul une pièce qui aurait semblé trop vide.
De grandes fenêtres donnent sur des immeubles ; malgré la présence d'une ouverture à la tête du lit, son effet négatif est corrigé par de grands volets intérieurs qui, la nuit, forment la protection nécessaire.
La pièce présente une assez forte symétrie : celle des tables de nuit et de deux tableaux représentant des couples. Même si l'atmosphère n'est pas celle d'un vrai refuge, la chambre reste quand même très accueillante et reposante.
Le soleil met en valeur le jaune des murs.
Mais pour tempérer cette énergie terrestre, on a choisi un dessus-de-lit blanc, qui représente le métal.

Après

Ce couple aime l'austérité de la chambre, au décor blanc et sobre. Bien qu'il y manque une certaine chaleur, les modifications doivent tenir compte de leur goût. On a garni le lit d'un dessus et de coussins ocre rouge, qui créent des taches de couleurs bien distinctes et apportent de la stabilité à la dominante de blanc.
Les occupants n'apprécient pas que la tête de lit soit si proche de la pente de la mansarde. Il fallait donner un élan plus ascendant à ces murs, grâce à des plantes placées de part et d'autre et des lampes posées à même le sol pour éviter le désordre de tables de nuit encombrées, tout en permettant la lecture.
Une trappe ouvrant sur un placard, visible derrière le traversin, a été dissimulée par un dossier en bois qui, par ailleurs, crée ce mouvement ascendant si nécessaire dans une chambre mansardée. Un ciel de lit rejoignant le plafond renforcerait encore cet effet.
En face du lit, l'angle vif d'une cloison correspond à la cage d'escalier ; une grande plante verte en adoucit l'arête.
L'angle qui abritait le poste de télévision a été transformé en coin de repos. Cet espace correspondant dans la pièce au domaine de la prospérité, la présence de plantes serait également bénéfique. Un fauteuil confortable invite à venir s'y délasser.

Avant

Cette chambre se trouve dans une grande maison située au cœur d'un quartier qui accueille de nombreuses écoles. Mais le couple qui y habite n'a pas l'intention d'avoir d'enfant. L'un et l'autre travaillant en indépendants, ils utilisent tout l'espace dont ils disposent pour développer leur carrière. Et en effet, dès leur emménagement, après avoir quitté leur précédent domicile où ils ne trouvaient trop à l'étroit, leurs affaires ont été relancées, et la femme a vu sa clientèle augmenter très vite.
Partagée entre ses différents domaines d'activité, elle vit depuis deux ans dans une situation de transition difficile à vivre ; elle doit également assumer financièrement sa part de charges domestiques, ce qui est pour elle une source de tension supplémentaire. Enfin, elle s'est inscrite à une formation qui lui prend beaucoup de temps. Lui est chercheur et écrivain, une activité qu'il apprécie pleinement. Leur relation est bonne, mais tous deux estiment qu'ils ne passent pas assez de moments ensemble. De plus, elle pense qu'ils ne se consacrent pas suffisamment à leurs amis. Elle entretient d'assez bonnes relations avec ses parents, bien que son travail la rende moins disponible. Lui ne s'entend pas très bien avec sa propre famille mais s'est résigné à cette situation.
Des changements ont déjà été effectués dans la cuisine et la salle à manger, mais la chambre mansardée nécessite une intervention, car le couple n'y dort pas très bien : lui souffre d'insomnie depuis l'emménagement ; elle se sent fatiguée depuis un an et a de petits problèmes de santé depuis leur installation. Toujours en quête de nouveaux contrats, elle ne peut se consacrer à une activité créatrice, et ne trouve jamais le temps de faire le point. Les changements concernent donc la qualité du sommeil, le domaine de la Sagesse (8), afin de soutenir la femme dans ses projets, le domaine des Anciens (3) pour améliorer les relations familiales. Les domaines des Amis secourables (6), pour reconstruire un réseau social, et de la Créativité (7) ont déjà été modifiés au rez-de-chaussée.

Le feng shui ne concerne pas seulement l'aménagement de la maison mais aussi la vie personnelle de ses occupants. Il émane de chacun une énergie qui peut se communiquer tout autour de nous ; parfois, on peut presque « sentir » les souffrances qu'ont éprouvées les occupants précédents dans une pièce. Aussi est-il important de régénérer un tel lieu. Ici, la tenture rose qui orne la tête du lit appartenait aux anciens propriétaires ; on a préféré l'enlever, mais il faut désormais en choisir une nouvelle.
La symétrie, facteur d'équilibre, a été créée par la présence de tables de nuit identiques, recouvertes d'un tissu rose pâle ; le plateau de verre du guéridon d'origine a été supprimé, car ce matériau était trop froid au chevet d'un lit. Des plantes en pots assorties les garnissent, et les livres ont disparu.
Il faut veiller à ce qu'aucun appareil électrique ne reste allumé pendant la nuit. Le rayonnement électromagnétique peut perturber le sommeil, et un radio-réveil branché sur le secteur à proximité de la tête émettra des ondes désagréables. Ici, on a pallié cet inconvénient grâce à un réveil à piles.

Après

Avant

Les occupants de cette maison de trois étages y vivent depuis deux ans et demi et, bien qu'ils y soient heureux, il leur manque une certaine stabilité. La santé des enfants n'est pas très bonne ; leur mère a voulu changer de métier et est tombée malade à son tour. Elle ressent de la fatigue, de même que son mari ; ni l'un ni l'autre ne se réveillent le matin vraiment reposés. Et, bien qu'ils s'entendent très bien, ils ne se sentent pas actuellement aussi proches qu'ils le voudraient.

Les modifications effectuées dans le vestibule (*voir* pages 84-87) devraient soutenir les projets professionnels. Mais, après un examen de toutes les pièces de la maison, il semble que la chambre soit la source des problèmes de santé et de sommeil. La consultation va donc s'efforcer ici d'en analyser les éléments négatifs.

Cette pièce paraît de prime abord assez encombrée. Le lit est recouvert d'un patchwork complexe et garni de deux gros coussins. Les tables de chevet ne s'harmonisent pas : l'une est un guéridon doté d'un plateau de verre, l'autre est une console carrée dont l'étagère inférieure est surchargée de livres. À la tête du lit est suspendu un rideau rose, laissé par les prédécesseurs ; les occupants actuels ne l'aiment pas, mais n'ont jamais pris la peine de le changer. Quant au mur opposé, celui que le couple voit tous les matins au réveil, il est nu.

D'un côté du lit, on a vue sur un couloir servant de garde-robe. Le mari, qui dormait à cette place, a demandé à en changer sans raison avouée, si ce n'est la gêne qu'il commençait à ressentir. Depuis, c'est sa femme qui ne dort pas très bien. Ce radio-réveil posé sur la table de nuit de l'homme constitue également un élément négatif.

Avant

Un simple voilage a été suspendu à l'entrée du dégagement qui servait de grande penderie ; les deux fonctions sont séparées, et la chambre a un volume plus harmonieux. Du lit, chacun a maintenant la même vue et la relation du couple bénéficiera certainement de cette amélioration.
Le pied du lit se trouvant dans la zone de la carrière, cette partie de la chambre revêt une importance particulière pour l'occupante ; le décor devait donc comporter une image stimulante, agréable à regarder tous les jours, au réveil et au coucher. Une image d'eau vive ou en rapport avec la formation que suit la femme serait idéale. En fin de compte, elle a choisi une marine.
Il est important de contenir les énergies autour du lit, grâce, par exemple, à une tête de lit et, au pied, un autre panneau ou un meuble appuyé au mur. Bien qu'ici aucun élément ne garnisse la tête, la place ne manque pas pour placer au pied une table qui aura un effet stabilisateur. Un broc et une cuvette de porcelaine apportent une note bleue propice à la carrière : cette couleur symbolise l'énergie de l'eau, le domaine du Voyage, et les objets la chance.
Pour créer un cadre de repos encore plus paisible, le couvre-lit de patchwork a cédé la place à une natte plus sobre, à petits motifs sinueux.
Le seul miroir qui occupe la pièce a été placé à bonne hauteur pour que les occupants puissent s'y regarder en pied au lieu de renvoyer un reflet tronqué.

Après

Avant

Malheureusement, une poutre semblable à celle qui sépare le séjour au rez-de-chaussée se trouve ici au-dessus du lit. Cette division provoque notamment chez l'occupante des troubles du sommeil. La chambre étant trop petite pour déplacer le lit, il faudra recouvrir cette poutre d'un tissu léger pour en diminuer les effets négatifs. Au pied du lit, la commode jouait un rôle stabilisateur, mais il paraissait plus important de dégager l'espace et d'éliminer le bouquet de fleurs séchées ; le meuble a été déplacé dans l'autre chambre. Le pied du lit étant maintenant dégagé, les rayures du nouveau couvre-pied vont créer une limite.

La source de certaines difficultés peut être attribuée à une pièce particulière du lieu d'habitation ou impliquer des modifications globales. Cette chambre fait partie de la consultation qui a débuté par le séjour présenté pages 96-99. Une intervention dirigée uniquement sur cette pièce ne résoudrait pas tous les problèmes du couple et ne suffirait pas à leur faire retrouver le bien-être.

La chambre est située dans le domaine des Relations (2), une donnée très importante puisque les occupants de l'appartement s'apprêtent à se marier. Le femme ne dort pas bien et se lève fatiguée, tandis que son compagnon ne parvient pas à récupérer de ses très longues journées de travail. S'il s'agit avant tout de résoudre dans cette pièce les problèmes de sommeil, les améliorations agiront à la fois sur les relations du couple et sur leur comportement individuel.

La chambre est notamment pour elle un lieu où se révèlent ses rapports avec son ami et ces tensions, qu'elle ressent vivement, sont certainement l'une des causes de ses troubles du sommeil. D'autre part, tous deux souffrent de ne pas avoir suffisamment le temps de se consacrer l'un à l'autre, et de ne pas s'adonner à des activités créatrices, indépendantes de leur travail. Il importe donc d'examiner ici les maisons de la Créativité (7), des Relations (2) et de la Sagesse (8) pour déterminer les points essentiels de blocage.

Après

Cette pièce est l'une des deux chambres de l'appartement ; elle peut tout juste accueillir un grand lit et une armoire. Pourtant, malgré sa petite taille, elle ne donne pas l'impression d'atmosphère intime en raison de la présence dominante du blanc (murs, couvre-lit, coussins) qui durcit les volumes. La deuxième chambre, quant à elle, est si minuscule qu'il vaut mieux la considérer comme une pièce de rangement et, en tant que telle, en tirer le meilleur parti afin de soulager la chambre principale et le séjour.

Une lourde armoire placée au pied du lit bloque le passage. Non seulement elle gêne beaucoup les mouvements pour aller d'un côté du lit à l'autre, mais elle semble écraser toute la pièce sans laisser l'énergie circuler librement. Enfin, ce meuble massif se situe dans la zone de la Créativité de l'appartement. Le bouquet de fleurs séchées sur le bord de la fenêtre se trouve lui aussi dans le domaine de la Créativité, correspondant cette fois à la pièce, et l'occupante ressent précisément ce manque dans son travail. Elle a besoin d'envisager plus sereinement l'avenir et de donner un tournant à sa vie professionnelle. Deux tableaux impressionnistes, aux contours mal définis, sont accrochés à la tête du lit, et, dans la zone des Relations de la pièce, on peut voir le portrait au crayon d'une jeune fille triste, les yeux baissés, dont la vision, dès le réveil, ne peut guère insuffler l'énergie nécessaire durant la journée.

L'alternance de ces bandes jaunes et orange réchauffe l'atmosphère de la pièce, et la froideur de la table de chevet en fer forgé est masquée par un tissu.

Le miroir rectangulaire, suspendu au-dessus de la commode face au lit, était un élément négatif pour la qualité du sommeil. On a accroché un tableau représentant un groupe se promenant dans un champ fleuri. Près de la fenêtre, une peinture de fleurs remplace la jeune fille au visage triste.

Que faire dans une chambre ?

- *Placez votre lit de telle façon qu'il ne soit pas directement en face de la porte, mais tout en gardant la vue sur celle-ci. Adossez le lit à un mur plutôt qu'à une fenêtre, et veillez à ce que la tête et le pied du lit s'adossent à des éléments stables.*
- *Évitez de placer le lit sous une poutre ou sous des étagères.*
- *Si vous êtes dos à la porte, placez un miroir sur le mur d'en face pour voir qui entre dans la chambre.*
- *Contentez-vous d'un seul miroir, si possible de forme ronde pour symboliser la fusion des énergies.*
- *Évitez les cadres métalliques qui accentuent le niveau d'électricité statique.*
- *Choisissez de préférence les matières naturelles pour la literie.*
- *Remplacez le matelas tous les six ou sept ans.*
- *Éliminez toute référence à votre travail, et même aux loisirs. Ne gardez qu'un ou deux livres de chevet.*
- *Évitez les plafonniers ; pour obtenir l'éclairage le plus reposant, n'utilisez que des ampoules blanches.*

Ci-dessus : *Les poutres apparentes posent souvent un problème, tant dans les maisons anciennes que dans les logements modernes où l'on recherche un cachet d'authenticité. Ces plafonds ont pourtant des effets néfastes sur le sommeil. Ici, le ciel de lit diminue cette action, et le vert renforce cette qualité protectrice. Autrefois, de nombreux modèles de lits, le lit clos plus particulièrement, retenaient l'énergie pendant le sommeil. Ici, un long tabouret tapissé remplit la même fonction. Des tapis seraient ici tout indiqués, apportant leur chaleur à un dallage qu'on peut juger trop froid pour une chambre à coucher.*

À droite : *Aménagé dans une grande chambre, un merveilleux refuge pour se détendre et lire à la lueur du couchant. De volumineux coussins, des drapés enveloppants, des fleurs fraîches et un bougeoir, tous ces éléments contribuent à créer un cadre serein.*
Même s'il n'existe aucune règle précise, on conseille aux personnes qui ont du mal à s'endormir de placer la tête de leur lit à l'ouest. Les chambres orientées à l'est conviennent aux personnes âgées et aux réveils difficiles. Une orientation au sud, exposée au plein soleil, risque d'être trop stimulante, tandis qu'au nord, au contraire, l'énergie peut faire défaut. Faites l'expérience, et essayez les tons froids ou chauds sur les murs.

Ci-dessus : *Des tons doux, un mobilier très simple et un décor sobre laissent une impression très reposante, contrastant avec la lumière vive qui pénètre par les ouvertures, mais ne se diffuse pas dans toute la chambre. Dans un séjour, un fauteuil ou une table peuvent participer à la décoration d'ensemble, alors que dans une chambre à coucher, au contraire, le mobilier doit rester fonctionnel. Il est plus facile de transformer une petite pièce en lieu de retraite douillet, car sa superficie l'empêche de devenir un centre d'activité à part entière. Les lignes et les formes douces seront plus propices à la détente que les angles vifs et les arêtes.*

En Occident, on associe le blanc à la propreté. C'est donc une teinte qui convient parfaitement pour la salle de bains, mais il faudra la réchauffer par des touches de couleurs telles que le vert, le rose pêche ou le rouge. Une serviette rouge aura des qualités particulièrement stimulantes, notamment dans la zone correspondant à l'Illumination (9). Ici, seules deux pièces de verrerie rouge apportent leur note de chaleur. Si le décor monochrome est ici d'une grande simplicité, il n'en est pas moins animé par des matières très diverses : céramique, osier, bois, verre et coton. L'association des lignes courbes, des cercles et des carrés est équilibrée, et l'on compte peu d'angles vifs.

Le dallage en damiers blanc et noir est un élément fort qui stabilise l'énergie dans une pièce où elle a tendance à fuir. Des plantes permettraient également de rétablir cet équilibre énergétique. L'immense miroir ovale au-dessus du lavabo, au cadre ornementé, ouvre l'espace mais offre aux utilisateurs de la salle de bains une image entière d'eux-mêmes.

SALLES DE BAINS

LA SALLE DE BAINS EST UN LIEU DE DÉTENTE INTIME AUSSI BIEN LE SOIR, LORSQUE NOUS NOUS APPRÊTONS POUR UNE NUIT DE SOMMEIL, QUE LE MATIN, LORSQU'UNE NOUVELLE JOURNÉE COMMENCE. VOUÉE AUX SOINS DE NOTRE CORPS, LA SALLE DE BAINS DOIT ÊTRE FONCTIONNELLE ET SÛRE.

Les salles de bains doivent être impeccables, bien éclairées et aérées, décorées très simplement. C'est dans cette pièce que nous nous retrouvons face à nous-mêmes, chaque soir et matin. Dans l'idéal, la salle de bain doit être située le plus loin possible de la cuisine.

L'habitat contemporain multiplie les salles de bains et les toilettes, ce qui est souvent perçu comme un avantage. Mais, selon les principes du feng shui, ces lieux engendrent une énergie trop descendante et fuyante, qui attire les flux que diffusent les autres pièces de la maison. L'eau étant également associée à la prospérité, l'état de la salle de bains pourra symboliser la situation financière de l'occupant. Si l'énergie de l'eau est trop excessive, on la compensera par des plantes qui apporteront l'énergie ascendante de l'arbre.

Au lever, le corps a atteint sa contraction maximale car son énergie est restée au repos toute la nuit. Vous devez donc prévoir dans votre salle de bains des éléments qui pourront vous détendre, afin que peu à peu tous les muscles du corps se relâchent. Une glace en pied, qui vous reflétera en entier, vous incitera à vous étirer, en permettant à l'énergie de circuler dans tous vos membres. Donc, si vous disposez de l'espace suffisant, installez le miroir le plus grand et le plus limpide possible. Évitez ces meubles de salle de bains couverts de miroirs à petits carreaux qui fragmentent les images, les miroirs à trois faces et ceux qui sont trop petits, placés trop bas ou trop haut. Votre reflet ne doit pas être limité : si vous ne pouvez voir au moins à vingt centimètres au-dessus de votre tête, vous n'aurez pas le sentiment de votre pleine intégrité.

Une petite salle de bains concentrera mieux votre attention sur votre corps. Un éclairage brillant, de grands miroirs créeront l'illusion de l'espace, vous encourageront à vous étirer et à ouvrir votre horizon.

Les murs au-dessus du carrelage bleu étaient d'un blanc-gris qui laissait une impression d'austérité. Les salles de bains nécessitant de la clarté et de la gaieté, on a donc repeint les murs d'un vert éclatant. Le carrelage bleu intensifie l'énergie de l'eau, et la présence du vert, couleur de l'arbre, en absorbe l'excès. Le vert est également associé à l'argent, une couleur symbolique pour aider l'occupant des lieux à mieux gérer ses finances. Même après une nouvelle peinture, il reste une dominante de bleu qui refroidit la pièce. On peut la réchauffer par des touches de rouge ou par un choix de serviettes aux tons chauds. Le miroir d'origine au-dessus du lavabo n'était pas très grand. Même si le propriétaire n'aime pas particulièrement se contempler, il se regarde effectivement tous les jours dans cette glace, dont la taille lui renvoie une image négative de lui-même, ce qui peut entraver ses projets de développement. On a donc remplacé cette glace par un miroir plus imposant et plus luxueux. Et ce changement revêt une importance particulière, car il s'agit du seul miroir de l'appartement. Dans un intérieur aussi sobrement meublé, il est surprenant d'observer que la tablette du lavabo était encombrée d'affaires de toilette. Elle devait être libérée pour ne pas gêner le reflet dans le miroir, et certains de ces objets ont pris place sur une petite table.

Un artiste occupe cet appartement depuis sept ans. Il a aménagé son intérieur de façon originale, transformant une chambre en atelier et ne laissant qu'un minimum de meubles dans le séjour, où il expose les œuvres qu'il aime et qui l'inspirent. Bien qu'il ait déjà beaucoup de succès, il entend développer sa carrière et entreprendre de plus grands travaux. Et, alors qu'il s'agit d'une personnalité assez réservée, il voudrait faire connaître davantage ses créations. Il gagne bien sa vie sur l'année, mais irrégulièrement, ce qui provoque une certaine anxiété liée à l'argent.

L'occupant s'est efforcé d'ouvrir l'espace de son séjour, ce qui contribuera à alimenter le domaine de la Sagesse (8) et diminuera son anxiété. Il est significatif qu'en présentant son appartement, il ait commencé par mentionner des dysfonctionnements dans la salle de bain en particulier. En prenant cette pièce comme objet de la consultation, il ressort que les interventions doivent concerner essentiellement les domaines des Bienfaits (4) et de l'Illumination (9).

Avant

Après

Avant

La fluidité de l'eau, source de vie, est symboliquement liée à la richesse et à la chance, c'est pourquoi tout problème d'entretien dans la salle de bains peut évoquer une difficulté d'argent. Il faut donc constamment veiller à l'entretien de la plomberie.

Après

Toute fuite d'eau symbolise une perte d'énergie ; elle est ici aggravée parce qu'elle a lieu dans le domaine correspondant aux Bienfaits (4), généralement associé à la richesse. On a placé une plante sur le réservoir pour contrebalancer l'énergie trop excessive de l'eau ; le pot doré a été choisi pour sa couleur brillante et sa qualité métallique. Sur le mur, tout en haut, la bouche d'aération, masquée auparavant par un tableau assez gris, a été dégagée et peinte en vert. La fenêtre se trouve dans la maison de l'Illumination (9), représentant la notoriété. L'appui, encombré d'objets de toilette, a été rangé. On a introduit le feu sous la forme d'une bougie, d'une plante verte dans un pot rouge et d'une très belle carte rouge. On pourrait aussi suspendre un petit cristal taillé à la fenêtre. L'image au-dessus de la baignoire représente un projet auquel l'occupant souhaite se consacrer. Le voir ici tous les jours le rendra plus accessible.

Le store à lames foncé a été relevé pour laisser entrer toute la lumière du jour, et, la nuit, on le baisse pour préserver la chaleur de la pièce. Un store en tissu léger vert pomme, fixé par des liens bleus, diffuse encore mieux la lumière naturelle.

Les salles de bains ont besoin d'être très bien éclairées. Ici, au contraire, une ampoule diffusait une lumière faible à travers un vieil abat-jour.

Ce mauvais éclairage a cédé la place à un globe de verre blanc doté d'une ampoule puissante. On aurait aussi pu envisager un luminaire en partie métallique, doré ou argent, pour activer les énergies au réveil.

Que faire dans une salle de bains ?

- *On peut aménager une salle de bains n'importe où dans un intérieur mais, si vous avez le choix, évitez la proximité de la porte d'entrée, ainsi que le domaine des Bienfaits (8) ou le centre de la maison.*

- *Si les toilettes se trouvent près de la cuisine, accrochez un mobile de céramique (associé à l'énergie la terre) entre les deux pièces pour équilibrer les énergies.*

- *Assurez-vous du bon fonctionnement de la plomberie et veillez à l'entretenir régulièrement.*

- *L'état de la salle de bains peut symboliser, selon les principes fondamentaux du feng shui, votre propre état de santé.*

- *Maintenez cette pièce au chaud ; évitez les triangles, les arêtes vives et les angles, le métal trop dur ou trop froid. Tous ces éléments provoqueraient un sentiment de malaise.*

- *Installez une baignoire ou une douche contre un mur plutôt que près d'une fenêtre, sinon vous ressentirez un sentiment d'insécurité.*

À gauche : *Il est fondamental d'introduire dans une salle de bains des éléments qui retiennent l'énergie. Les orchidées, installées dans un panier d'osier, offrent cet élan ascendant ; elles servent aussi d'écran entre les deux miroirs qui se font face, évitant que l'image renvoyée ne se multiplie à l'infini lorsqu'on s'y regarde. Les fenêtres permettent une bonne aération, mais il est préférable qu'elles ne soient pas trop proches de la baignoire. Ici, le store permet de préserver l'intimité.*

Ci-dessous : *Le carrelage de cette salle de bains très contemporaine lui donne un style masculin. Au-dessus des deux lavabos, on a suspendu un grand miroir d'une seule pièce, qui permet de se voir en entier et offre un reflet non fragmenté.*

À gauche : *Si la salle de bains est dépourvue de fenêtre, créez l'illusion d'un espace ouvert grâce à un miroir, un tableau, une photographie ou un objet dans une matière naturelle. Choisissez des représentations exprimant des mouvements ascendants pour contrebalancer les flux toujours descendants dans ce type de pièce. Les carreaux et les damiers des serviettes atténuent également cette tendance. L'aspect angulaire du plafond a été corrigé par l'installation d'une étagère à linge. La douceur des serviettes contribue à créer un environnement rassurant.*

CHAMBRES D'ENFANTS

LES ENFANTS SEMBLENT TOUJOURS SAVOIR CE QUI LEUR CONVIENT LE MIEUX. LEURS CHAMBRES DOIVENT ÊTRE SIMPLES ET DOUILLETTES, GARNIES DE SYMBOLES DE RÊVE ET D'IMAGINATION, ET SUFFISAMMENT SPACIEUSES POUR LES JEUX ET L'EXPRESSION DE LA PERSONNALITÉ.

Les enfants changent très vite au cours de leur croissance, et l'on perçoit leurs changements de mois en mois. Leur cadre doit suivre cette transformation permanente : il faut pouvoir repeindre et déplacer les meubles au moins une fois tous les deux ans. Observez si l'enfant, fille ou garçon, s'est adapté à son lit ou s'il bouge pendant la nuit et se réveille ailleurs dans sa chambre. S'il ne dort pas bien, vérifiez que rien ne vient encombrer le lit. Laissez les enfants choisir le décor de leur chambre plutôt que de leur imposer votre couleur préférée ; ils doivent avoir l'impression de maîtriser leur espace afin de s'habituer à prendre leurs responsabilités. Créez toujours un point de repère dans une chambre d'enfant : un mobile à la fenêtre, une pendule, dont la présence développera le sens du temps.

La chambre doit être de forme régulière, de préférence carrée ou rectangulaire. En décorant la pièce, évitez de diviser les murs par des moulures horizontales qui limiteraient l'espace de l'enfant ; vous devez au contraire lui offrir un lieu ouvert, où il puisse grandir et développer sa personnalité. Les rayures et les carrés produisent aussi un effet négatif, tout comme les images effrayantes ou agressives créent un sentiment d'insécurité.

Les couleurs vives, primaires, sont très gaies, notamment pour un espace de jeu, mais le rouge n'est pas nécessairement indiqué pour la chambre, surtout dans le cas d'enfants hyperactifs, car c'est la couleur du feu. De même, les papiers peints aux motifs voyants et bariolés seront trop stimulants. D'une manière générale, retenez plutôt les couleurs claires, pastel ; un fond relativement neutre permettra de tempérer les éléments plus toniques de l'environnement habituel d'un enfant : couvre-lit, jouets, affiches, posters. Le vert est apaisant, mais les couleurs plus froides, comme le bleu, peuvent produire des effets trop sédatifs, surtout si la pièce est orientée au nord et peu éclairée par la lumière du jour. Bien sûr, les couleurs agissent différemment selon le tempérament de l'enfant, aussi observez les résultats de vos transformations.

Dans cette chambre simple et chaleureuse domine un arbre extraordinaire peint sur les murs. Ce décor, qui dégage une énergie manifeste, est une excellente manière d'animer cet angle, où le lit a été placé sous un plafond légèrement mansardé. Le dossier en bois apporte lui aussi son soutien. L'arbre, symbole de croissance, agira comme une puissante source d'énergie créatrice ; il encouragera l'esprit d'indépendance et stimulera les ressources intérieures de l'enfant au fur et à mesure que celui-ci se détachera de ses jouets et des influences extérieures. La netteté de l'aménagement et la petite bibliothèque aménagée sous la table de chevet laissent penser que l'enfant aime les histoires. Une seule peluche est visible, ce qui indique une grande confiance en soi. Il est préférable que des enfants d'âges différents aient chacun leur chambre ; s'ils doivent partager le même lieu, on placera des écrans pour préserver l'espace de chacun et favoriser le développement des personnalités. Mais il faut avant tout laisser les enfants créer leur chambre, en conservant un équilibre entre le respect de la liberté créatrice et le sentiment de sécurité.

Avant

Le changement le plus important à apporter dans cette chambre était l'emplacement du lit. Il fallait le dégager le plus possible des combles et l'éloigner de la porte. Bien que les très jeunes enfants préfèrent souvent dormir dans un espace clos, à terme, cela nuit à leur développement. Le lit a été orienté pour que le petit garçon ait la tête contre l'autre mur ;

Le jeune occupant de cette chambre a neuf ans. Il ne dort pas très bien, et la situation ne s'est pas améliorée depuis qu'il a emménagé avec ses parents dans cette nouvelle maison, après avoir vécu dans un très petit appartement. Cette chambre mansardée est l'une des deux que comporte le deuxième étage, un grenier aménagé. Le lit est placé sous les combles, et l'enfant dort du côté de la porte, sans dossier. Dans un ou deux ans, il sera probablement à l'étroit, mais, d'ici là, ses parents ont l'intention de déménager à nouveau.

Il s'agit d'une chambre d'enfant typique, avec sa collection de peluches et de posters de sportifs épinglés sur le mur mansardé et au-dessus du lit. Un poste de télévision destiné

Avant

aux jeux vidéo est placé sur l'étagère ; au-dessus, un aquarium muni d'une pompe émet un ronronnement continu.

Ce garçon adore le sport et semble réussir dans ce domaine, mais il a des difficultés à l'école, un établissement très académique. Il a été jugé dyslexique et suit des cours de rattrapage.

La consultation s'attachera à résoudre les troubles du sommeil et les problèmes scolaires de l'enfant, en examinant l'aménagement et le décor de la chambre, plutôt qu'en intervenant dans les domaines spécifiques du bagua. Il faudra tout d'abord examiner l'emplacement du lit, et peu à peu repenser le décor en tenant compte de la mansarde.

il a ainsi une meilleure vue sur la porte, mais il est libéré de la pression que l'angle vif, formé par le comble, exerçait sur lui, probablement la cause principale de ses troubles du sommeil. Les posters accrochés sur la pente mansardée, qui renforçaient sans doute cette impression pesante, ont été enlevés. En munissant le lit d'un dossier, on diminue encore les effets de ce plafond.

Après

Par ailleurs, il fallait revoir la décoration dans son ensemble. Les murs et le plafond étaient peints en jaune vif, les portes en blanc. Des volumes réduits tels que celui-ci gagnent à être traités en une seule couleur, qui agrandit l'espace, estompe les angles désagréables et diminue visuellement la pente de la mansarde.

Mais le jaune est une couleur trop intense pour une si petite chambre ; on a donc choisi le vert, et les portes seront traitées de la même manière plus tard. Dominante dans la nature, cette couleur est plus apaisante que le jaune. Elle symbolise l'énergie ascendante de l'arbre, certes utile dans un volume mansardé, mais elle favorise également la croissance, l'apprentissage et la coordination, qualités importantes dans le cas d'un enfant dyslexique.

Il fallait aussi changer la garniture du lit. L'édredon aux rayures stridentes a été remplacé par un tissu à carreaux beaucoup plus doux, en harmonie avec la couleur des murs. L'autre couvre-lit a pour décor une carte du monde, représentation trop abstraite pour la plupart des jeunes enfants, et il faudrait le remplacer par un motif plus rassurant, par exemple un personnage imaginaire connu.

Le mobile en baleine suspendu près du lit offre un point de repère visuel. Quant à l'aquarium, on l'a supprimé, car tout appareil électrique produit des ondes électromagnétiques. Si l'on souhaite le garder, on éteindra l'appareil la nuit ou on le débranchera. Ici, le ronronnement de la pompe et le bouillonnement de l'eau étaient sans doute en partie responsables des troubles du sommeil chez ce garçon. Les plantes purifient l'atmosphère et neutralisent les effets de ces ondes ; on en a donc placé une près du poste de télévision.

Après

Deux peluches, parmi les préférées de l'enfant, ont été retenues pour garnir le lit. Les enfants ont tous besoin de gardiens et, au fond de nous-mêmes, nous savons ce que les animaux expriment comme force symbolique : ainsi le renard serait malin, vif et intelligent, qualités très utiles pour réussir sa scolarité. Les posters accrochés sur la pente de la mansarde accentuent la pression descendante ; il suffit de les déplacer sur un mur vertical.

Ici, le concours de la mère a été sollicité pour adapter le décor de la chambre aux goûts de la fillette. Ainsi, les premiers livres d'enfants ont pu être donnés ou descendus à la cave pour laisser la place à des lectures plus élaborées. Les étagères de livres, très encombrées, ont été dégagées. On pourrait envisager à terme de fixer des portes devant ces rayonnages pour les dissimuler.
Le lit a quitté l'angle du mur pour que la tête de la fillette repose entièrement contre le mur. La proximité de ce coin ne pouvait qu'engendrer le malaise. Le lit est maintenant adossé à ce mur de manière à ménager un espace de circulation de chaque côté. Le miroir placé au-dessus de la cheminée permet de voir qui entre dans la pièce. La plante placée sur le manteau de la cheminée, a cédé la place à une autre, bien dressée, de même que la commode.
Le cheval à bascule situé à l'entrée de la chambre représentait une énergie masculine et jouait le rôle de gardien, mais il serait davantage à sa place dans la chambre d'un enfant plus jeune. L'animal de bois a donc rejoint la cave. À la place, on peut choisir une affiche représentant un cheval, un arbre, ou une maison, qui reprendra la fonction de gardien rassurant en accompagnant la petite fille vers l'adolescence. S'agissant dans la chambre du domaine des Anciens (3), les relations avec les parents en seront confortées.

Avant

La petite fille de onze ans qui dort dans cette chambre est à un âge intermédiaire entre l'enfance et l'adolescence. Fille unique, elle vit avec ses parents dans une maison victorienne et est inscrite dans une école de quartier. La chambre témoigne de cette période de transition : s'y mêlent affiches de stars, vernis à ongles, mais aussi des jouets de la petite enfance tels que les poupées et les peluches.
Cette enfant est heureuse, équilibrée, en bonne santé et réussit à l'école. L'axe de la consultation consistera ici à l'aider à vivre cette phase intermédiaire qui la mènera de la préadolescence à son identité de femme. Ce peut être une épreuve difficile qu'elle ne pourra traverser qu'avec le soutien de ses deux parents, et notamment de sa mère. Les changements proposés veulent aider la fillette à passer ce cap sans heurts, mais en lui faisant prendre conscience de son évolution.
Dans cette grande chambre, le lit est placé dans un angle, la tête à côté de la porte. Sous un haut plafond, une frise de bouquets de roses en papier peint court tout autour des murs au ton rose pâle sur lequel se détachent nettement images et affiches. La pièce paraît très encombrée selon une ligne horizontale. Le miroir de la coiffeuse est en partie masqué par des colliers et des foulards, et le dessus déborde littéralement de boîtes à bijoux et d'objets de toilette. Mais ce qui domine dans cet espace est un magnifique cheval à bascule qui appartient à l'enfant depuis qu'elle est toute petite.

Après

After

Avant

Des affiches de stars du rock sont actuellement situées dans le domaine des Anciens (3) ; il faudrait les déplacer dans la Créativité (7), autour du miroir. Les tableaux, qui étaient accrochés au hasard sur la cimaise et masquaient la frise de papier peint, ont été descendus.

Cette frise de fleurs, par ailleurs assez chargée et un peu démodée, ne plaisait pas beaucoup. Elle a cédé la place à un motif floral plus moderne que la jeune occupante a choisi elle-même, et qui lui servira de point de repère. La nouvelle frise, qui comprend les cinq couleurs symbolisant les cinq énergies, apporte un nouvel équilibre à cet espace. Le lit a hérité d'un nouveau tissu bleu – une couleur apaisante – dont les rayures sont ornées d'un motif de fraise qui imprime une direction dynamique. Un guéridon orné d'une lampe de chevet a fait son apparition.

Le miroir situé près de la porte a été accroché au-dessus de la cheminée, mais il faudra en régler la hauteur pour que la jeune fille y voie son image complète jusqu'à une vingtaine de centimètres au-dessus de sa tête.

Après

Une peluche occupe l'âtre sombre, auparavant masqué par un tableau. Une collection de cristaux de quartz, disposée sur un tabouret ancien près du lit, a été déplacée, car les minéraux auraient renforcé certains effets négatifs dans la pièce. Il faut les nettoyer régulièrement, mais rien ne s'oppose à ce qu'ils soient exposés ailleurs. La coiffeuse a été débarrassée, et le haut du miroir dégagé. Les fronces de tissu bleu retenues par des nœuds jaunes sont davantage de l'âge de la fillette que la garniture précédente.

Après

Que faire dans une chambre d'enfant ?

- *Une chambre d'enfant doit être simple, douillette et favoriser l'imagination et le développement personnel. Évitez les images abstraites, trop complexes pour de jeunes enfants.*
- *Renforcez le sentiment de sécurité de l'enfant en lui permettant de voir la porte de l'intérieur de sa chambre.*
- *Mettez à sa portée une lampe de chevet ou un interrupteur qui lui permettra de choisir le moment de sa lecture sans avoir à quitter son lit.*
- *Placez un miroir invisible du lit, mais assez grand pour que l'enfant puisse se voir en entier. Au fur et à mesure qu'il grandit, accrochez le miroir de plus en plus haut ou installez-en un plus grand.*
- *Ne laissez pas la chambre en désordre, et aidez l'enfant à y faire son ménage sans lui imposer de tâches trop lourdes. Cela développera sa vitalité.*
- *Choisissez des meubles et des éléments de rangement aux lignes courbes ; l'enfant grandira dans un cadre plus créatif.*
- *En plus du couchage, prévoyez une aire de jeu suffisamment grande.*
- *Autant que possible, séparez les enfants d'âges différents pour qu'ils acquièrent confiance en eux. Surtout, préservez leur intimité et laissez-les personnaliser leur espace.*
- *Évitez les lits superposés : l'un sera confiné en bas, et l'autre plaqué au plafond.*

À droite : *Les lignes courbes de la table et des tabourets stimulent la créativité, tandis que les formes carrées du tableau noir et du meuble à tiroirs renforcent le contrôle de soi et la logique. Les effigies d'animaux doivent toujours être reconnaissables et amicales. Ici, les couleurs vives éveillent les jeunes esprits. Cet espace serait idéal s'il était séparé de la chambre et invisible du lit.*

À droite : *Observez comment l'aménagement d'une pièce marque la personnalité d'un enfant. Ce décor conviendrait parfaitement à un enfant qui aurait besoin d'ordre et de discipline, avec son mobilier et ses tissus à motifs carrés, ses éléments de rangement aux lignes nettes. Le bleu est une couleur rafraîchissante, qui incite à la réflexion, et le jaune le réchauffe. Ce cadre serait toutefois trop strict pour un enfant très imaginatif.*

À gauche : *Certains enfants pourraient être effrayés par cette peinture, mais, ici, les animaux joueront parfaitement leur rôle de gardiens si les enfants qui occupent cette chambre en aiment le décor. Pour dégager l'espace au-dessus de leurs têtes, il faut enlever les ciels de lit, à moins qu'ils ne servent réellement. La table de chevet sépare les espaces dévolus à chaque enfant, tandis que les lits jumeaux assureront une bonne entente entre eux.*

À droite : *La verticalité des hauts placards, des rayonnages et des rayures maintient chez l'enfant une énergie ascendante. Un rideau est un élément de séparation parfait entre l'aire de jeu et le lit.*

En travaillant à domicile, on a davantage l'occasion de créer le cadre énergétique qui soutiendra son activité professionnelle. Cette pièce est un lieu de travail inspiré, avec sa vue sur le jardin, son parquet naturel, une grande plante en pot et un vaste espace pour exposer et entreposer le travail en cours.
Les drapés des rideaux et la rotonde au premier plan favorisent des flux d'énergie fluides. Il s'agit ici d'un environnement très créatif qui accueille un bureau aux formes angulaires servant de point de repère visuel. Une pièce à angles droits, aux meubles carrés, convient mieux aux opérations de gestion, tandis que les lignes courbes, les cercles et les ovales composent des espaces plus imaginatifs.
L'emplacement du bureau face à la fenêtre, pour bénéficier de la vue, implique que l'on tourne le dos à la porte, mais, à leur arrivée, les visiteurs se refléteront dans le cuivre de la lampe articulée. L'association de cadres de métal brillant et d'une haute plante verte active le domaine des Bienfaits (maison 4) correspondant à cette pièce.

BUREAUX

TRAVAILLER CHEZ SOI PEUT PROCURER UN GRAND SENTIMENT DE LIBERTÉ. ET S'IL EST VRAI QU'ON NE QUITTE JAMAIS TOUT À FAIT SON LIEU DE TRAVAIL POUR RETROUVER LA TRANQUILLITÉ DU DOMICILE, ON PEUT CRÉER À DEMEURE UN ESPACE LIBRE DE TOUTE TENSION.

La nature du lieu de travail et le statut de l'activité professionnelle changent très vite. Les progrès de l'informatique et des communications permettent maintenant de travailler n'importe où. Les futurologues prédisent qu'au début du XXIe siècle, plus de la moitié de la population d'Amérique du Nord travaillera à domicile et que ce mouvement gagnera rapidement l'Europe. Cette orientation concernera les travailleurs indépendants, le télétravail d'entreprise ou les employés libérés des contraintes du poste fixe.

Cette révolution risque de bouleverser nos vies. Le domicile est menacé de se transformer en centre d'activité frénétique. Mais, en s'inspirant des principes du feng shui, en prenant conscience de l'impact de notre environnement sur notre façon de vivre, il est tout à fait possible de créer le cadre de vie et de travail qui nous apportera tout le soutien nécessaire. La règle essentielle est de respecter l'équilibre des volumes et de séparer suffisamment les fonctions pour que l'on puisse quitter l'espace servant de bureau après une journée de travail.

Cette partie de la maison fonctionnera comme un microcosme. L'espace choisi sera de préférence proche de la porte d'entrée, surtout si l'on reçoit des clients ou des fournisseurs, que l'on ne souhaite pas introduire dans l'espace privé ; et le lien avec le monde extérieur n'en sera que plus fort. Installez-vous dans un endroit calme, ou fermez la porte pour vous isoler des allées et venues dans la maison et ne pas vous laisser distraire.

La forme de la pièce et son aménagement détermineront vos capacités de concentration. Ne laissez rien au hasard. L'emplacement du bureau est crucial : disposez-le de manière à travailler dos au mur plutôt que devant une fenêtre ou un seuil ouvert, et veillez à n'avoir aucun angle vif dans votre direction. Ne vous installez pas de biais dans un coin ; ménagez-vous un champ de vision sur la porte, mais ne restez pas dans le passage, là où l'énergie circule. Laissez le mur derrière vous sans décor pour que vos visiteurs ne soient pas distraits par un tableau ou des messages épinglés, en vous parlant ou en vous écoutant.

Avant

L'occupant de cette maison de quatre chambres est comédien. Il pense que le succès ne lui sourit pas en ce moment et décrit sa carrière comme « au point mort ». Il n'a pas l'impression d'avoir beaucoup de chance dans la vie. La plupart de ses contrats n'étant pas suffisamment intéressants, sa situation financière est un facteur de tension permanent. Il ne comprend pas pourquoi son talent n'est pas reconnu et ne lui permet pas d'obtenir les rôles qu'il mérite.

Il s'est installé dans la chambre inoccupée. Bien qu'il soit la plupart du temps en déplacement, il utilise cette pièce plus qu'il ne le pensait. En réfléchissant à son activité quotidienne, il s'est rendu compte qu'il la gérait en grande partie chez lui. Lorsqu'il n'est pas en représentation, il s'occupe de son courrier et de ses appels téléphoniques, et passe systématiquement dans son bureau avant d'aller travailler. Cette pièce est actuellement le centre de son activité professionnelle.

La chambre manifeste cette crise d'identité. Alors que l'occupant des lieux l'appelle son « bureau », il est agacé lorsque les membres de sa famille viennent y déplacer ses « affaires ». De fait, personne ne semble considérer qu'il s'agit d'un espace réservé, et sa femme l'appelle toujours « l'autre chambre ».

Il ne s'agit donc pas d'un cadre très gratifiant pour cet homme, et cette situation affecte ses chances de succès. Nous avons tous besoin d'un lieu de reconnaissance, un centre d'où nous partons à la conquête du monde, et c'est ce qui manque ici. Si l'on ne quitte pas tous les jours son domicile pour se rendre sur un lieu de travail, alors il faut aménager chez soi l'espace le mieux adapté à ses besoins.

Après

La première chose que l'on voyait en pénétrant dans la pièce était un grand lit à haut dossier, garni d'un dessus blanc. Trônant au milieu de la chambre, il agissait comme un élément de distraction dans le travail. Rarement utilisé, seulement pour la nuit par des hôtes de passage, il a cédé la place à un divan.
Les murs sont tapissés d'un papier peint à motif de citronnier de William Morris, que l'occupant des lieux apprécie mais qui disperse son attention. Lorsqu'il a réussi à se concentrer, il sent sa présence l'envahir. Il faudra rénover ce décor en peignant les murs en blanc cassé ou crème, afin de créer un cadre dont la simplicité sera propice au travail. En entrant, on peut voir, au fond à droite, dans une niche carrelée, un lavabo surmonté d'un miroir rond. Pour que rien ne rappelle qu'il s'agissait d'une chambre à coucher, un paravent est venu dissimuler ce cabinet de toilette. Le même paravent pourra servir à entourer le bureau si cette chambre d'ami doit être de nouveau utilisée. La grande armoire à glace a été enlevée car ce meuble, typique d'une chambre à coucher, ne servait plus que de débarras. Les dossiers utiles sont maintenant rangés dans un petit meuble à étagères. Disséminés dans la pièce, tables et rayonnages accueillaient tous les papiers de la maison et de vieux dossiers. Sur une étagère s'alignaient des portraits de famille. L'ordinateur était posé sur une table, tandis que téléphone, agenda et lampe se trouvaient sur un bureau placé face à la fenêtre.

Après

Avant

Le bureau a été déplacé ; auparavant, la vue qu'il offrait était très agréable, mais trop distrayante. Il se trouve désormais à l'emplacement de l'armoire, dans le domaine des Bienfaits (maison 4). On est assis le dos contre un mur porteur et l'on peut voir la porte. De cette position excellente, on peut toujours jouir de la vue. Il serait nécessaire d'investir dans un bureau plus grand et plus esthétique. De même, la chaise de bureau banale pourrait être remplacée par un fauteuil plus enveloppant. L'occupant devait trier les nombreuses affaires qui se trouvaient sur son bureau. Le téléphone est maintenant muni d'un long fil, qui permet de le déplacer d'un poste de travail à l'autre. Un cristal est suspendu en haut et à droite de la fenêtre pour activer le chi pénétrant dans la pièce, et pour renforcer les Bienfaits ; de même, un vase de cristal rempli de galets occupe la même zone sur le bureau ; de l'autre côté se tient une statuette de métal ressemblant à un Oscar. On a disposé sous la fenêtre un fauteuil de repos et, à côté, un petit guéridon ; ce coin sera propice à la création, et, selon le niveau de concentration que demandera son travail, l'occupant aura le choix entre ce fauteuil et son bureau. L'espace correspondant au Voyage a été dégagé : l'étagère à dossiers trouve mieux sa place de l'autre côté, les photos de famille ont été remplacées par une affiche de cinéma. Des plantes vertes disposées à côté de l'ordinateur et sur le bureau doivent contrecarrer les effets néfastes des ondes électromagnétiques.

Du seuil de la porte, on peut embrasser toute la pièce. Il s'agit d'un très grand salon aménagé en bureau – mais qui remplit de multiples fonctions – avec un lit qui semble perdu dans l'angle. Il est difficile de se sentir encadré et installé dans un espace si vaste, et la présence du bureau et de l'ordinateur au milieu de la pièce rappelle constamment le monde du travail. En effet, ce bureau reste bien visible depuis le lit, et cette femme ne parvient pas à séparer l'espace privé du lieu de travail.
Lorsqu'une chambre sert en même temps de bureau, il faut absolument tracer des limites entre le travail et le repos. Ici, on a créé un espace réservé à la détente plus rassurant, en déployant un paravent autour du lit. Aménagez votre chambre de manière à ne pas voir le lit lorsque vous travaillez, ni votre bureau lorsque vous vous couchez, car il s'agit d'intégrer la notion de journée de travail.
Des piles de magazines, de livres et de rapports encombraient le guéridon au chevet du lit, ainsi que le devant de la cheminée. On retrouvait le même désordre sur la commode, où s'accumulaient aussi des disques compacts, et sur le bureau. Un grand nettoyage s'imposait pour que l'occupante se sente soulagée. Poser le regard dès le réveil sur des dossiers en souffrance et subir la même vision en se couchant constitue un facteur de tension majeur et affecte la qualité du sommeil.
Huit estampes étaient accrochées au-dessus du lit, représentant des lettrés chinois à la mine grave qui regardaient cette femme avec désapprobation, contribuant certainement à alimenter ses problèmes. Deux portraits de couples les ont remplacées.

Avant

Ce grand deux pièces élégant est occupé depuis neuf ans par une femme célibataire. Elle travaille comme économiste depuis dix-sept ans. Elle aime son métier mais n'est pas satisfaite de son emploi du temps très chargé et de la pression constante qui règne dans des bureaux accueillant deux cents personnes. Elle se sent prisonnière et frustrée. Elle a l'impression que son milieu est « confiné », selon ses propres termes, et admet que ses amis sont également très autonomes. Elle regrette de ne pas avoir de relation privilégiée. Elle a fait plusieurs fois allusion à son besoin de se sentir plus « intégrée ». Malgré tout, elle n'assume pas les conséquences de ces constats. Même quand elle s'octroie un moment de détente, elle observe que ses pensées sont toujours présentes. Elle estime que l'argent compte trop dans sa vie et s'en inquiète, au lieu de se considérer comme comblée. Toutes ces tensions accumulées affectent son bien-être, et elle ne parvient pas à changer son rythme de vie.
Alors que cette femme s'estime très créative dans son travail, elle regrette cette absence dans sa vie personnelle. Elle aimerait avoir plus de temps à elle. Il est intéressant de noter que la décoration murale du séjour est un montage de différentes œuvres, image fragmentaire révélant un besoin d'intégrité.
La consultation se propose d'apporter quelque sérénité dans la vie de cette femme et un meilleur équilibre entre temps de travail et temps libre. On interviendra dans le domaine du Voyage (maison 1) pour épanouir sa carrière, dans les Relations (2) et la Sagesse (8) parce qu'elle souhaite une relation amoureuse et entretenir de meilleurs rapports avec elle-même. Pour une action efficace, les modifications concerneront la chambre-bureau.

Après

Après ci-dessus et à gauche

Un immense palmier dominait près de la moitié de la pièce. Sa frondaison touffue pointait ses feuilles effilées directement sur le bureau, provoquant un grand malaise lorsqu'on y était assis.
Pour redistribuer le volume et soustraire la table de travail à cette « agression » végétale, le feuillage de la plante a été lié pour redresser son port ; quelques feuilles basses ont été coupées.
Le bureau, en réalité une table à tréteaux d'allure assez sommaire, est placé au milieu de la pièce, dos à la porte. Il émane de tout cet agencement une impression de grande insécurité, et l'occupante s'est aperçue qu'elle ne s'asseyait pas à cette table, mais à celle de la salle à manger dans le grand séjour. Le bureau a été orienté pour qu'elle soit face à la porte, le dos calé contre les boiseries de la fenêtre. Elle envisage maintenant d'installer un bureau d'aspect plus imposant.
Cet appartement dégage une puissante énergie de l'arbre, car le bois y occupe la place d'honneur : mobilier, boiseries, volets, parquet. Le plafond et la fenêtre ont une hauteur impressionnante. Cette énergie aussi fortement représentée est signe d'ambition et de détermination, donc insuffisamment nourricière. Il faut la modérer avec celle du feu : on a ponctué ce décor de touches de rouge, par exemple les fleurs au pied de la cheminée. Une horizontalité plus marquée serait également bienvenue.
La maîtresse des lieux a donc choisi d'apporter un accent chaleureux au-dessus de la cheminée en remplaçant un tableau sombre par le dessin d'un pot rouge, symbolique d'une créativité jaillissante. Ailleurs dans l'appartement, on trouve une cinquantaine de tableaux représentant des figures solitaires, dont l'effet doit être plus mesuré si l'occupante veut réaliser son désir de relation. Elle doit donc davantage s'entourer d'effigies de couples, notamment au-dessus du lit et dans la maison des Relations (2).
Les deux cages à oiseaux vides, posées sur le dessus de l'armoire, ont été enlevées. Situées dans la maison des Bienfaits (4), elles symbolisaient le vide existentiel.

Avant

Comment aménager un bureau ?

- *Dans un espace réduit, une bonne organisation est essentielle. Rangez vos affaires, car le désordre troublera votre réflexion.*

- *Associez deux types d'énergie : l'une tonique, correspondant à l'activité et au caractère sociable du travail, l'autre apaisante pour l'étude et la concentration.*

- *Le matériel électrique de bureau émet beaucoup d'ondes électromagnétiques, qui provoquent fatigue et tension. Pour les disperser, veillez à la bonne aération du local. Utilisez un ionisateur et des matériaux naturels plutôt que le plastique.*

- *Contrebalancez les ondes électromagnétiques par la présence de plantes. Certaines ont des qualités anti-pollution, par exemple le chlorophytum, l'euphorbe et la lunaire. Placez au moins l'une d'elles près d'un appareil électrique.*

- *Le bureau idéal doit associer les formes carrées et les formes rondes ; les unes pour l'ordinateur et la gestion, les autres pour stimuler la créativité.*

- *Veillez soigneusement à l'entretien de votre matériel et équipement, et réparez aussitôt ce qui ne fonctionne pas.*

- *Travaillez sur une surface dégagée. Triez et jetez au fur et à mesure pour éviter la stagnation. Installez-vous dans un bureau que vous pouvez quitter une fois votre travail terminé.*

À gauche : *Le mobilier aux formes carrées ou rectangulaires, tables, rayonnages, fenêtres et stores favorisent l'apprentissage et offrent un cadre propice aux études scientifiques plutôt qu'artistiques. Ces fauteuils aux lignes enveloppantes inciteront l'étudiant à s'y attarder ; leur métal, et celui de la structure des tables, soutiennent la pensée et la concentration. Analysez le sens des symboles que vous utilisez dans le décor, et exploitez-les dans un sens positif.*

Page de gauche : *Ce bureau associe de manière équilibrée le bois, qui encourage la créativité, et le métal, qui aide à la concentration. Ce lieu paraît convenir à l'organisation et à la finalisation d'un produit créatif. Les tables, montées sur roulettes, se prêtent au travail d'équipe et à la modulation de l'aménagement en fonction du travail. Toutefois, leur mobilité doit être compensée par un sol uni donnant une impression de stabilité. Les plantes vertes servent également à contrebalancer les aspects négatifs du matériel électrique.*

À gauche : *Les courbes élégantes de ce bureau incitent à s'y asseoir. Par leur dessin précis, les lignes sculptées apportent une rigueur qui aidera à la concentration. Le grand miroir, qui ouvre l'espace, évite d'avoir en face de soi un mur nu et permet de voir venir les visiteurs. Les formes sinueuses de ce meuble et du luminaire gracile inspireront les travaux d'écriture, tandis que les angles droits du miroir invitent à l'efficacité.*

CONCLUSION

Ci-dessus : *Choisissez les objets d'art qui vous inspirent ou qui ont une signification symbolique forte. Ces œuvres expriment votre personnalité, ne les employez pas simplement pour orner les murs.*

À droite : *Lorsqu'une pièce est amenée à remplir deux fonctions, l'espace doit être utilisé selon cette variable. Si la cuisine fait aussi office de salle à manger, il est important que les préparatifs culinaires n'apparaissent pas au moment du repas. Après avoir fait place nette, changez l'ambiance en éclairant la table et en laissant la cuisine dans l'ombre.*

PROCÉDEZ PAR ÉTAPES

Avant de commencer à changer votre cadre de vie, je ne saurais trop insister sur l'importance d'un grand rangement préalable. Poser un miroir pour compenser un espace négatif ne servira à rien si la pièce reste encombrée. Vous ne ferez qu'aggraver vos problèmes. Jetez donc définitivement tout ce que vous jugez inutile, et ne gardez que les objets que vous aimez réellement. Vous verrez que plus vous parviendrez à dégager l'espace, plus vous mettrez les chances de votre côté. Et lorsque vous vous lancerez dans vos premiers aménagements, procédez par étapes pour analyser les résultats : certaines de vos initiatives seront bonnes, d'autres inefficaces. Vous constaterez peut-être d'étranges coïncidences entre les changements entrepris et les projets enfin réalisés. Observez les événements et continuez vos transformations. Les résultats ne seront pas nécessairement immédiats. Si rien ne change au bout d'un mois, essayez autre chose. Ne tentez pas de bouleverser l'organisation de votre maison de fond en comble en un week-end, mais avancez progressivement dans vos démarches.

L'IMPORTANCE DE VOTRE ÉNERGIE

De nombreux éléments influent sur votre énergie. Ce peut être votre régime alimentaire, votre mode de vie, la pratique d'un sport ou l'absence d'exercice ; la constitution héritée de vos parents ; votre personnalité, votre éducation, votre physique ; l'attitude de votre entourage et les événements que vous ne maîtrisez pas ; enfin le cadre où vous vivez. Vous pouvez transcender son influence par votre propre énergie. Il existe à n'en pas douter des maisons à problèmes, celles qui n'ont pas été construites pour le bien-être de leurs occupants, mais en fonction d'impératifs économiques au détriment de l'esthétique. S'il est incontestable que nous sommes en partie le produit de notre environnement, nous pouvons nous libérer de ces faisceaux d'influences. Par la force de notre énergie. Et divers moyens permettent de développer cette force, qu'il s'agisse de la qualité de l'alimentation, du sommeil, de la manière d'entretenir soigneusement son intérieur. Si nous réussissons tout cela, les lieux d'habitation oppressants, les événements traumatisants et les relations professionnelles tendues auront moins d'emprise sur nous.

DES MOYENS DIFFÉRENTS, UN MÊME OBJECTIF

À mesure que vous approfondirez votre connaissance du feng shui, les livres que vous consulterez vous présenteront des systèmes différents, où vous aurez parfois du mal à vous retrouver. La solution consiste à vous en tenir à une règle, jusqu'à ce que vous en

BOSCH

Ci-dessus : *L'eau est un puissant symbole de prospérité et de chance. Cet élément prend d'autant plus d'importance si vous habitez en ville, sans jardin, et sans accès à un cours d'eau ou à un lac. Veillez à ce que l'eau reste fraîche, soit par le mouvement soit en la changeant tous les jours. Un aquarium, par exemple, grâce à l'activité des poissons, peut stimuler le domaine des Bienfaits (maison 4). Ici, un bocal plus grand et une eau bien oxygénée donneraient des résultats plus efficaces. Utilisez l'eau pour rafraîchir l'atmosphère des pièces. Essuyer les surfaces de votre lieu de travail, par exemple, annulera les effets négatifs de l'électricité statique. On peut encore introduire cet élément par la présence de fleurs coupées ou de plantes vertes.*

maîtrisiez l'application, avant d'explorer d'autres voies. Le feng shui est un savoir complexe, profond, mais vous constaterez que ses chemins, en apparence dispersés, sont comme les rayons d'une roue convergeant vers un même point. Et que les principes universels posés dans ce livre ouvrent sur des mises en pratique tissant dans toute leur richesse une toile d'une pénétrante beauté.

LE REFUGE INDISPENSABLE DE LA RÉGÉNÉRATION

De plus en plus, on a recours au foyer pour se soustraire aux tensions engendrées par le mode de vie contemporain, qu'il s'agisse des événements dramatiques du monde, de conditions de travail encore plus dures ou de l'insécurité de l'emploi. Le répondeur, créé pour enregistrer les messages en notre absence, devient un moyen de filtrer les appels, y compris des personnes qui nous sont le plus proches, alors que nous sommes chez nous ! Alors il devient vital que cet intérieur vers lequel nous nous tournons soit un lieu régénérateur.

La preuve n'est plus à faire des liens qui unissent étroitement le corps et l'esprit, et que des niveaux élevés de stress, en attaquant nos systèmes immunitaires, abaissent nos seuils de résistance. En comprenant quels éléments sont pour nous les plus négatifs et en sachant en contrecarrer les effets, nous aurons fait beaucoup pour rétablir et préserver notre équilibre.

UN FOYER D'INSPIRATION

Le feng shui peut nous aider à transformer notre lieu d'habitation en lieu de pouvoir personnel. La maison étant le miroir de l'existence, il suffit de regarder autour de soi et de se demander si l'on est satisfait de ce qui nous entoure. Ce que l'on n'aime pas, on le change : c'est aussi simple que cela.

Si, par exemple, vous vous sentez prisonnier d'un travail qui ne vous laisse aucune chance de vous épanouir, et si vous savez que vous méritez mieux sans pouvoir faire évoluer la situation, peut-être faut-il observer votre intérieur. Au lieu de vous résigner à cette fatalité – pas d'emploi, pas de revenu, donc pas d'espace pour agir –, faites circuler l'énergie chez vous. Recréez l'espace perdu : enlevez tous les éléments inutiles, adoptez des couleurs claires ou disposez des miroirs qui agrandiront les volumes, insufflez la vie par la présence de plantes, et ouvrez les horizons par des paysages de montagnes, d'océans. Il suffit d'un seul effort dirigé dans la bonne direction : transformer votre intérieur pour qu'il vous soutienne.

LA SOLUTION EST EN VOUS

L'interprétation et la mise en pratique du feng shui sont des domaines très personnels. Ils touchent à la relation qui vous lie à votre espace, et qui est un reflet de vous-même. Il est virtuellement impossible d'appliquer le feng shui dans une maison vide. Qui viendra y habiter ? Avec quels désirs et quelle personnalité ? Le véritable enjeu du feng shui consiste à vivre selon ce principe de réciprocité. L'aménagement de votre intérieur déterminera les mouvements du *chi*, de la même façon que votre constitution interne détermine vos humeurs, vos actions, vos attitudes. La raison qui vous fera adopter une solution peu satisfaisante ne sera que la résonance d'une mauvaise disposition intérieure. Les changements durables ne peuvent intervenir qu'en ayant conscience de ces correspondances. La véritable harmonie vient de ce renversement : la maison est le reflet de la vie intérieure.

LE LIEU DE TRAVAIL : VOTRE SOUTIEN EST VOTRE PROPRE MAISON

Il est évident qu'un endroit où l'on passe le tiers de sa vie agit fortement sur notre bien-être et nos motivations profondes. Même si vous n'êtes pas en position d'imposer des changements notables sur votre lieu de travail, faites des tentatives progressivement. Mais votre véritable soutien est avant tout votre maison. Choisissez une alimentation équilibrée pour vous aider à affronter les tensions extérieures, puis apportez à votre environnement professionnel de la gaieté, du naturel et de l'énergie, grâce à des plantes et des tableaux de votre choix.

Dans tout intérieur, nous devons nous créer un refuge. Celui-ci peut être aménagé dans la chambre à coucher ou délimité dans le séjour. Il doit inciter à venir s'y reposer, particulièrement au terme d'une journée de travail. Entourez-vous d'éléments confortables et d'objets que vous aimez. Chaque fois que vous viendrez vous y détendre, cet endroit, devenu familier, sera comme une partie de vous-même.

BIBLIOGRAPHIE

Le Guide du Feng Shui, Éditeur Vivez Soleil, 1998.

Feng Shui : principes fondamentaux, huit leçons d'initiation, coffret. Éditeur G.Trédaniel, 1998.

Feng Shui, Chao Hsin Chen, Editeur G.Trédaniel, 1998.

Pratique personnalisée du Feng Shui. Éditeur Courrier du Livre, 1998.

Pour une meilleure compréhension du Feng Shui. Édition du Cosmogone, 1996.

Feng Shui : les voies de la santé, de la prospérité et du bonheur selon la tradition chinoise, coffret. Solar, 1996.

Le Feng Shui, Craze, Richard. Manise, 1998.

Feng Shui : pour une harmonie des lieux, Edd, Gérard. Éditions de la Table Ronde, 1998.

Vivre au naturel – La Maison écologique, David Pearson. Éditions Flammarion.

Feng Shui Network
International (FSNI)
PO Box 9, Pateley Bridge
Yorkshire Dales
HG3 5XG Grande-Bretagne
Tél : 00 44 7000 336474
Fax : 00 44 1423 712869
Email : Feng1@aol.com.
Site Internet : FengShuiNet.com
L'auteur de cet ouvrage peut être contactée à ces numéros de fax et de téléphone.

INDEX

Les folios en gras correspondent aux illustrations.

REMERCIEMENTS

REMERCIEMENTS DE L'AUTEUR

Un immense merci à William Spear, l'un des principaux catalyseurs du tournant radical de ma carrière. Son enseignement m'a ouvert de nouveaux horizons. J'ai infiniment apprécié son soutien bienveillant et sa sagesse. Sans lui, sans son savoir et ses conseils, ce livre n'aurait pu voir le jour. Je remercie également mon ami et collègue en feng shui Jan Cisek pour ses encouragements, ses propositions judicieuses, sa clarté, son humour.

J'exprime toute ma gratitude aux nombreux et excellents enseignants qui ont contribué au développement du Feng Shui Network International (FSNI), notamment à Karen Kingston, pionnière en ce domaine, mais aussi à Roger Green, Jon Sandifer, Simon Brown (et Dragana), Takashi Yoshikawa, William Bloom, Suzanne Harper, Richard Creightmore et Peter Dawkins.

Merci aux étudiants qui ont rejoint les rangs du FSNI, contribuant ainsi à l'amélioration des conditions de vie; à mes collègues du FSNI pour leur incroyable dévouement, notamment Joanne Sharpe et Wendy Konyn qui m'ont offert la possibilité d'écrire ce livre, et à mon assistante Hayley Dennison pour son sens de l'humour et de l'organisation ; à toutes les équipes bénévoles du FSNI pour leur soutien collectif ; aux clients qui m'ont tant apporté ; à ma chère amie Annie Bradwell pour sa contribution et ses encouragements inestimables ; à Dennis Fairchild pour son amitié et son soutien indéfectibles ; à William Dufty, auteur d'un livre merveilleux qui a beaucoup influencé ma vie et mon bien-être ; à l'étonnante équipe de Conran Octopus pour sa compétence et sa patience ; aux nombreux enseignants que j'ai rencontrés et aux auteurs d'ouvrages sur le feng shui qui m'ont beaucoup appris ; enfin à Morel, pour sa tendre inspiration de tous les jours et notre si belle maison où chacun soutient l'autre dans sa vie consacrée à l'enseignement.

Merci également aux personnes et sociétés suivantes pour leur aimable collaboration aux prises de vue :

Clifton Nurseries, Paperchase, The Room, Mulberry, Hector Finch, Fired Earth, Osborne & Little, Jerry's Home Store, The Holding Company, Oggetti, Malabar, Designer's Guild, The General Trading Company, Donghia, Crucial Trading, Simon Horn, Highly Sprung, Muji, Snap Dragon, Colefax & Fowler, Laura Ashley, Harkin, Recline & Sprawl, Belinda Coote. Merci aussi à Cinead McTernan pour son enthousiasme.

CRÉDITS PHOTOGRAPHIQUES

Conran Octopus remercie les personnes et agences suivantes pour leur autorisation à reproduire les photographies de cet ouvrage :

1 Hotze Eisma (designer : Marcel Wolterink) ; **2-3** Alexander van Berge/Elle Wonen ; **4-5** Simon Brown/H&G/Robert Harding Syndication ; **6-7** Bild Der Frau/ Camera Press ; **8** Deidi von Schaewen ; **8-9** Lizzie Himmel ; **14** Jim Ballard/Getty Images ; **15** *en haut* Pat O'Hara/Getty Images ; **15** *en bas* Marie-Pierre Morel/ MCM ; **20-21** Pat O'Hara/Getty Images ; **21** Marie Pierre Morel/MCM ; **22** Robert Harding Picture Library ; **22-23** John Hall ; **25** *en haut* Robert Harding Picture Library ; **25** *en bas* Fritz von der Schulenburg/ Interior Archive ; **26** Robert Harding Picture Library ; **26-27** Paul Ryan (Wolgang Joop)/International Interiors ; **29** *à gauche* The Stock Market ; **29** *à droite* Gilles de Chabaneix/Catherine Ardouin/ MCM ; **30** *en haut* David Jeffrey/The Image Bank ; **30** *en bas* Ianthe Ruthven (Hodgson House, New Hampshire) ; **33** *en haut* Charles Wackler/The Image Bank ; **33** *en bas* Andre Martin/MCM ; **34** Rob Crandall/ Planet Earth Pictures ; **34-35** Marie-Pierre Morel/Catherine Ardouin/ MCM ; **36** Jody Dole/The Image Bank ; **37** Jean-Francois Jaussaud ; **38** C. Simon Sykes/Interior Archive ; **39** Simon Upton/H&G/Robert Harding Picture Library ; **42** Paul Ryan (Kim Haistater)/ International Interiors ; **43** *en bas* Paul Ryan (John Saladino)/International Interiors ; **44** *en haut* Christian Sarramon (Olivier Gagnères, Paris) ; **44** *en bas* Tim Beddow/ Interior Archive ; **45** *à gauche* Janos Grapow ; **45** *en haut à droite* Bild Der Frau/Camera Press ; **45** *en bas à droite* Paul Ryan (Brookes Buston)/International Interiors **46** Chris Meads ; **47** *en haut* Chris Drake/Country Homes & Interiors/Robert Harding Syndication ; **47** *centre* Nadia Mackenzie ; **47** *en bas* Gilles de Chabaneix/- Marie Kalt/MCM ; **49** *à gauche* Tom Leighton/Country Homes & Interiors/ Syndication ; **49** *en haut à droite* Tom Leighton/H&G Syndication ; **49** *en bas à droite* Deidi von Schaewen (Trapp)/World of Interiors ; **50-51** Paul Ryan (Piet Boon)/International Interiors ; **51** *en haut à droite* Christian Sarramon ; **51** *en bas à droite* Ray Main ; **52** *en bas à gauche* Marie-Pierre Morel/Christine Puech/MCM ; **52-53** Simon Brown (courtesy of Neal Street East) ; **54** *en haut* Paul Ryan (Jack Lenor Larsen)/International Interiors ; **54** *en bas* Jacques Dirand/Interior Archive ; **55** *en haut* Marie-Pierre Morel/Catherine Ardouin/ MCM ; **55** *en bas* Simon Brown/Interior Archive ; **56** *à gauche* Fritz von der Schulenburg/ Interior Archive ; **56** *à droite* Jacques Dirand/Interior Archive ; **57** Tim Beddow/Interior Archive ; **58** C. Simon Sykes/Interior Archive ; **59** *en haut à gauche* Simon Upton/Interior Archive ; **59** *en haut à droite* Tim Beddow/Interior Archive ; **59** *en bas* Simon Upton/Interior Archive ; **60** *à gauche* Henry Wilson/Interior Archive ; **60-61** Fritz von der Schulenburg/Interior Archive ; **62** *en haut* Wulf Brackrock ; **62** *en bas* Paul Ryan (Kristiina Ratia)/ International Interiors ; **64** *en haut à gauche* Marie-Pierre Morel/Christine Puech/MCM ; **64-65** Paul Ryan (J. Balasz)/International Interiors ; **65** *à droite* Simon Upton/Interior Archive ; **66** *en haut* Michael Crockett/ Elizabeth Whiting & Associates ; **66** *en bas à gauche* Fritz von der Schulenburg/Interior Archive ; **66-67** Pieter Estersohn/Lacha Pelle (Représentation) ; **68-69** Karl Dietrich-Buhler/ Elizabeth Whiting & Associates ; **69** Mark Darley/Esto ; **70** *en haut à gauche* Andreas von Einseidel/Country Homes & Interiors/ Robert Harding Syndication **70** *en bas à gauche* Andreas von Einsiedel/ Country Homes & Interiors/ Robert Harding Syndication ; **70** *à droite* Ariadne/ VNU/ Holland ; **71** Polly Wreford/ Country Homes & Interiors/Robert Harding Syndication ; **72-73** Ted Yarwood; **73** *en haut* Paul Ryan (Sam Blount)/ International Interiors ; **73** *en bas* Simon Brown/Interior Archive ; **74** *à gauche* Peter Aaron/Esto ; **74** *en haut à droite* Richard Felber ; **74** *en bas à droite* Ted Yarwood ; **75** Thibault Jeanson (Didier Gomez, Paris)/Inside ; **76** *en haut à gauche* Alexander van Berge ; **76** *en haut à droite* Paul Ryan (James Gager)/International Interiors ; **76** *en bas* Paul Ryan (Charles Rutherford)/ International Interiors ; **77** Marie Pierre Morel/MCM ; **80-81** Scott Frances/Esto ; **88** Jonathon Pilkington/Interior Archive ; **89** *à gauche* Jonathon Pilkington/Country Homes & Interiors/Robert Harding Syndication ; **89** *à droite* The Stock Market; **90-91** Richard Felber ; **100** *à gauche* Thibault Jeanson (Maison Lawrence, USA)/Inside ; **100-101** Richard Felber ; **101** Wulf Brackrock ; **102-103** Jan Baldwin/H&G/ Robert Harding Syndication ; **108** *en haut* Marianne Majerus/Country Homes & Interiors/Robert Harding Syndication ; **108** *en bas à gauche* Geoffrey Frosh/H&G/ Robert Harding Syndication ; **108** *en bas à droite* Brigitte/Camera Press ; **109** Tim Beddow/Interior Archive ; **110-111** Paul Warchol ; **120-121** Eric Morin ; **121** *en haut à droite* Tim Beddow/Interior Archive ; **121** *en bas* Richard Felber ; **122-123** Simon Upton (courtesy of Keith Skeel)/World of Interiors ; **128** *en bas* Joshua Greene ; **128-129** Schoner Wohnen/Camera Press ; **129** *à droite* Schoner Wohnen/Camera Press ; **130-131** Wayne Vincent (Lesley Saddington)/Interior Archive ; **140** *en haut* Schoner Wohnen/Camera Press; **140-141** Fair Lady/Camera Press ; **141** *en haut à droite* Living/Camera Press ; **141** *en bas à droite* Schoner Wohnen/Camera Press ; **142** Andreas von Einseidel/Elizabeth Whiting & Associates ; **152** VT Wonen/ VNU/ Holland ; **153** *en haut* Bild Der Frau/Camera Press ; **153** *en bas* C.Simon Sykes/Interior Archive ; **154** Polly Wreford/ H&G/Robert Harding Syndication ; **155** Simon Upton (Anne Boyd)/Interior Archive ; **156** Alexander Bailhache/Christine Puech/ MCM ; **157** Joshua Greene.

Toutes les autres photographies ont été spécialement commandées à Bill Batten par Conran Octopus.